HEIM WERKEN

für Anfänger

DAS GROẞE
HEIMWERKER BUCH

Mit vielen Praxistipps, Anleitungen
und Projekten zum Heimwerker-Profi werden

Philipp Konter

Bibliografische Information der Deutschen Nationalbibliothek.

Die Deutsche Nationalbibliothek verzeichnet diese Publikation in der Deutschen Nationalbibliografie; detaillierte bibliografische Daten sind im Internet über http://dnb.dnb.de abrufbar.

Für Fragen und Anregungen:
info@eulogiaverlag.de

ISBN Print: 978-3-96967-242-6
ISBN E-Book: 978-3-96967-243-3

Originale Erstausgabe 2022

Eulogia Verlags GmbH
Gänsemarkt 43
20354 Hamburg

Lektorat: Ramon Thorwirth
Satz und Layout: Tomasz Dębowski
Umschlaggestaltung: Aleksandar Petrović

HEIM WERKEN für Anfänger

DAS GROẞE HEIMWERKER BUCH

Mit vielen Praxistipps, Anleitungen und Projekten zum Heimwerker-Profi werden

EULOGIA VERLAG

Inhaltverzeichnis

Vorwort

Was macht einen Heimwerker eigentlich aus? Der Begriff Heimwerken kann erst mal verwirrend sein. Benötigt man hierfür gewisse Fähigkeiten oder kann man einfach loslegen? Gibt es das ideale Alter, wann man mit den Arbeiten zu Hause starten kann oder sollte? Wird spezielles Werkzeug benötigt, damit ich zu den Heimwerkern zählen kann? Welche Projekte sind eigentlich ideal, um mit wenig Kapital und Werkzeug zu starten. Das sind vielleicht Fragen die dir jetzt in den Sinn kommen. Und um hier direkt Klarheit zu geben, verwende ich gerne ein Sprichwort, welches ich von meinem damaligen Englischlehrer erhalten habe. KIS – Keep it simple. Mach dir nicht zu viele Gedanken. Ich möchte dich auf dem Weg zu den ersten eigenen Projekten begleiten und Hilfestellung geben, wo dies auch nur möglich ist. Du bist vielleicht auf der Suche nach einem Hobby, das dir langfristig Spaß bereitet. Vielleicht wird das auch deine neue Leidenschaft, die du in deinem wohlverdienten Feierabend ausüben kannst.

Auch werde ich dir zeigen, wie du große und komplizierte Projekte aufteilen kannst, um ins „Machen" zu kommen. Denn wer kennt es nicht. Du hegst vielleicht schon lange den Wunsch die ungenutzte Ecke in deinem Wohnzimmer zu nutzen, weißt aber nicht genau, wie du dies umsetzen sollst. Hierfür wirst du natürlich zwangsweise Material benötigen, das eventuell teuer ist. Vielleicht gibt es hierfür aber auch kostenlose Alternativen, damit du ohne große Materialkosten beginnen kannst. Aber mit Material allein ist es oftmals schwierig eine eigene Idee umzusetzen. Also benötigst du zwangsweise Werkzeug, damit du deine Idee Stück für Stück umsetzen kannst. Auch hier werde ich dir tolle Alternativen nennen, wie du auch dies gerade für die ersten Projekte günstig umsetzen kannst. Denn eins ist mir wichtig: Ich möchte, dass du ins „Machen“ kommst. Hier sollen dich teuer vorkommende Materialien und Maschinen nicht abschrecken. Denn Eins kann ich dir garantieren: Es gibt für fast alle Projekte und Ideen, die du haben kannst, tolle Alternativen, die dir eine tolle Heimwerker-Zeit verschaffen werden.

Du fragst dich vielleicht: Wer ist dieser Typ, der mir Tipps und Tricks geben kann? Mein Name ist Philipp Konter. Ich besitze eine circa 200 m^2 große Werkstatt im schönen Saarland, in der ich die verrücktesten Dinge baue. Ich habe keinen klassischen Schreiner oder Schlosser Betrieb. In meiner Werkstatt arbeite ich keine normalen Auftragsarbeiten ab. Hier nehme ich mir Projekte vor, die ich umsetzen möchte. Sei es ein cleveres Regal für die Küche oder ein Sägewerk, mit dem man das eigene Holz auftrennen kann. Beides lässt sich mit meinen Methoden in simple Teilaufgaben unterteilen, die ich dir in diesem Buch schildern werde. Also ist dies ein Ratgeber von der Idee bis zum fertigen Projekt. Du weißt nicht genau, mit welchem Projekt du beginnen sollst? Mache dir auch hierüber nicht zu viele Gedanken. Ich habe dir Projekte in meiner Werkstatt vorgebaut, die du einfach nachmachen kannst.

Was macht einen Heimwerker aus?

Ein Heimwerker ist eine Person, die etwas anpacken möchte. Hierbei spielt der Umfang der Aufgabe fürs Erste keine Rolle. Als Heimwerker brauchst du keinen Schreiner, der dir ein Regal baut. Du bist in diesem Fall dein eigener Schreiner. Nehmen wir einfach mal an, dass du einen Keller in deiner Wohnung besitzt, in dem du noch etwas Platz hast. Natürlich ist der von dir ausgewählte Bereich viel zu klein, um ein reguläres Regal verwenden zu können. Kaufbare Alternativen gibt es oft. Jedoch kosten diese dann oftmals viel mehr, als du eigentlich ausgeben wolltest. Vielleicht keimt bereits der Gedanke in deinem Kopf, dass du das ja selber machen könntest.

Hierzu darf ich dir dann recht herzlich gratulieren. So beginnen auch heute noch viele Heimwerker Projekte bei mir. Du siehst etwas, das dir nicht so recht gefällt. Und du setzt es dir als Aufgabe, dieses Problem selbständig zu lösen. Heimwerken kennt kein Maß. Es geht darum, etwas zu schaffen.

Ich versuche, dir meinen Grundgedanken, den ich bei jedem Projekt habe, anhand von 2 Projekten zu schildern. Hierbei spielt der zeitliche Aufwand fürs Erste keine große Rolle. Aber lass es mich dir erklären:

1. Projekt (Glasregal)

Ich verwende gerne Einmachgläser. Wie toll wäre es, wenn man diese Einmachgläser einfach und schnell greifen könnte, alles, was man benötigt, entnimmt und die Gläser zurück in das Regal stellt, ohne dass die Gläser immer ungeordnet im Regal stehen. Aus diesem Grund

Siehe dir dazu das Video auf YouTube an

habe ich mir ein einfaches Regal gebaut, bei dem auf jedem Regalboden ein dünnes Brett mit 3 Löchern ist, in welche die Gläser exakt passen. Somit stehen sie immer an der gleichen Stelle, können nicht verrutschen und das Regal ist immer aufgeräumt.

2. Projekt (Sägewerk)

Gelegentlich komme ich an ein paar Baumstämme heran. Daraus wollte ich aber nie Brennholz machen, weil das Holz viel zu schön dafür ist. Also habe ich mir erste Gedanken bezüglich Blockbandsäge gemacht. Hierfür benötigte ich einen Anhänger, damit das Sägewerk mobil ist. Viele Teile und Komponenten waren ziemlich kompliziert und gerade schnell konnte ich das Projekt auch nicht fertig stellen.

Siehe dir dazu das Video auf YouTube an

Jedoch habe ich nach einem Jahr meinen ersten Baumstamm erfolgreich auftrennen können.

Zwei Projekte die unterschiedlicher nicht sein könnten. Bei dem Küchenregal haben mich die Gläser gestört, die viel zu oft unordentlich in einem alten Ikea Schrank gestanden haben. Bei den Baumstämmen musste ich eine komplette Maschine bauen, um an mein Ziel zu gelangen. Gerade bei dem zweiten Bauvorhaben mögen viele nun sagen: „Das kann ich nicht!", aber genau das ist bei mir auch vorher der Fall gewesen. Diese beiden Projekte haben nämlich einen bedeutenden gemeinsamen Nenner. Und zwar ist dies das Problem, das dich manchmal mehr und manchmal weniger stört. Du kannst dich natürlich selber verbiegen und sagen, dass diese Wandfarbe ja ganz okay ist, dieser Couchtisch gut genug ist oder du das kaputte Regalbrett sowieso nicht so oft benutzt. Bei nahezu all meinen Projekten gibt es eine winzige Kleinigkeit, die mich stört. Und genau darauf höre ich. Falls dich die Unordnung in deinem Keller stört, du aber kein Regal findest, welches an diesen Ort passt, dann kümmere dich doch einfach selber darum. Bei den beiden Projekten habe ich zunächst nicht auf die Arbeit geschaut. Ich habe mir das Problem genauer angesehen und bei dem Küchenregal ein einfaches Feature eingebaut, sodass die Gläser immer an der gleichen Stelle stehen. Bei dem Sägewerk habe ich ein paar Eigenbauten im Internet angesehen und herausgefunden, dass das schon viele vor mir gemacht haben. Und wenn *die* das hinbekommen, dann werde ich das doch auch schaffen. Wenn *die* es schaffen 1969 auf den Mond zu fliegen, dann werde ich es doch hinbekommen, ein Sägewerk zu bauen. Diesen Satz sage ich nicht nur dir. Als ich dieses Bauvorhaben mit meinem Vater besprochen habe, hatten wir diverse Themen, wie die Räder, die Sägeführung und andere Bauteile, immer wieder angesprochen. Aber an einem gewissen Punkt muss man mit der Arbeit einfach anfangen und sich um ein gewisses Problem kümmern, wenn es auftritt. Manche Dinge kann man einfach nicht im Vorhinein bis ins kleinste Detail planen.

Heimwerken dreht sich natürlich nicht nur um einen Kellerschrank, Küchenregal oder eine selbst gebaute Maschine. Drei Projekte, die nahezu nichts gemeinsam haben. Aber für deine nächsten Projekte möchte ich, dass du die beiden folgenden Punkte verinnerlichst:

Denke nicht über die Arbeit nach. Sobald du dir vorstellst, wie viele Sekunden es dauern könnte, bis du das Kantholz mit einer Handsäge durchgeschnitten hast, bist du kein Heimwerker, sondern ein Heimdenker. Gerade bei aufwendigeren Arbeiten, die ich auf YouTube teile, erhalte ich viel zu oft zu einem gelösten Problem die „viel besseren" Alternativen, die wie folgt lauten: „Eigentlich macht man das so nicht", „Ich hätte", „Ich würde", „Mach das lieber so"...

Versteh mich bitte nicht falsch. Ich bin unfassbar dankbar über meine Community. Wenn ich eine Frage zu einem mir unbekannten Thema an meine Zuschauer stelle, erhalte ich im Handumdrehen viele Nachrichten, Tipps und Ratschläge, die in manchen Ausbildungen nicht praktiziert werden.

Mach dir selber nicht allzu viele Gedanken, wie du mit dem Projekt beginnen könntest. Fang einfach an. Und somit komme ich auch wieder auf meinen Lieblingsspruch „KIS" Keep it simple. Du möchtest einen Kellerschrank bauen? Dann überlege dir doch mal, wie groß das ganze werden soll. Du weißt nicht welches Holz du benutzen möchtest? Dann entscheide dich doch erst mal, ob du das ganze aus recyceltem Material, aus Kanthölzern oder aus Plattenmaterial machen möchtest. Denke nicht an die nächsten Schritte. Entscheide dich vielleicht erst einmal, welches Material dir gefallen könnte, und plane danach deine nächsten Arbeiten. Mach dir auch genau an diesem Punkt nicht zu viele Gedanken. Ich werde dir im Laufe dieses Buches viele Tricks und Kniffe nennen, wie du deine Projekte günstig und einfach umsetzten kannst. Auch wenn du gerade noch nicht weißt, wo du vielleicht Projekt-Ideen finden kannst, werde ich dir helfen und dich auf dem Weg deines ersten Projektes begleiten.

Zu dem Zeitpunkt, an dem ich diese Zeilen schreibe, befinde ich mich gerade in Portugal und helfe einem Freund, ein Treppengeländer für sein Haus zu bauen. Ich bin deutsche Baumärkte und Material-Lieferanten gewohnt. Hier in Portugal haben wir wenig Werkzeug und eine schlechtere Materialversorgung. Ich musste mir Gedanken zu jedem Schritt machen. Wie montieren wir die Balken an der Wand? Haben wir eine Bohrmaschine? Haben wir überhaupt den passenden Steinbohrer? Wenn man selbst an die kleinsten Dinge, wie einfache Beilegscheiben, denken muss und diverse Probleme auftreten, tritt das eigentliche Projekt oft in den Hintergrund. Eigentlich ist es doch ziemlich simpel. Wir möchten ein Treppengeländer bauen. Soll es aus Metall oder aus Holz gebaut werden? Es soll aus Holz gebaut werden? Dann müssen wir zunächst einen Plan machen, wie das Geländer gestaltet werden soll und wie viel Holz wir demnach benötigen. Das muss als eigener Arbeitsschritt betrachtet werden. Wir haben das Projekt umgesetzt und sind gemeinsam an das Ziel gekommen. Sobald du dein erstes Projekt abgeschlossen hast, solltest du dir das wieder vor Augen führen. Vielleicht hattest du zu Beginn viele Einwände und wusstest nicht, wo genau du anfangen sollst. Aber sobald du dein erstes Bauvorhaben, dein erstes selbstgebautes Möbel oder deinen ersten Raum eigenständig fertig gestellt hast, wirst du etwas Wunderbares feststellen. Du hast dazu gelernt und kannst dir danach sagen, dass du es fertiggebracht hast, eine von dir auserkorene Idee in die Tat umzusetzen. Dann darf ich dir recht herzlich gratulieren. Genau an diesem Punkt bist du ein Heimwerker. Du denkst nicht nur nach, wie du etwas machen könntest. Du setzt deine Idee um!

Und auch genau an diesem Punkt passieren wieder zwei Dinge. Du hast etwas dazu gelernt. Das mag dir vielleicht zu Beginn nicht klar sein. Natürlich hast du bei einem eventuellen Kellerregal Bauteile zugesägt und zusammengeschraubt. Das sind an und für sich einfache Aufgaben. Eventuell hast du vorher aber noch keine Schrauben gekauft, musstest dich also demnach informieren, welche Schrauben für dein Projekt geeignet sind. Und das ist eine solche Kleinigkeit, die ich so faszinierend finde. Es kommt nicht darauf an, wie groß diese neue Erkenntnis ist. Es kommt darauf an, dass du stetig viele Erkenntnisse bei deinen Projekten erhältst. So war es bei mir mit dem Treppengeländer.

Wir haben viele Stunden Zeit in die Treppe gesteckt und am Schluss habe ich eine tolle Erkenntnis für mich persönlich gewonnen, die ich vorher nicht besessen habe. Wir mussten Gewindestäbe in eine Wand kleben. Da die Wand aus Ziegelsteinen war, konnten wir nicht einfach die Gewindestäbe direkt in das Mauerwerk kleben. Ein Freund, der ebenfalls Teil des Teams war, merkte an, dass wir entsprechende Hülsen brauchen, damit der Kleber in Kombination mit den Gewindestäben überhaupt halten kann. Klingt zunächst ziemlich simpel, oder? Aber genau das habe ich vorher nicht gewusst. Ab sofort, weiß ich für alle zukünftigen Projekte, wie ich ein solches Problem lösen kann. Das ist doch eine grandiose Sache! Ich möchte, dass du dir jedes Problemchen, welches du überwindest, bildlich vorstellst und dir sagst, dass du das nun für den Rest deines Lebens weißt. Das ist eine ziemlich lange Zeit. Nun stell dir einmal vor, welches Potential in dir steckt, wenn du nicht nur ein einfaches Kellerregal baust, sondern vielleicht danach ein einfaches Schuhregal und dann ein Fensterbrett selber baust.

Du merkst wahrscheinlich, dass ich wirklich für dieses Thema brenne. Ich selbst habe keinen Schreiner oder den klassischen Schlosser Beruf erlernt und habe dennoch ein mobiles Sägewerk und eine vollwertige Holzwerkstatt, in der ich schreinerähnliche Projekte umsetze. Im folgenden Kapitel werde ich dir mehr über meinen Werdegang erzählen, damit du meine Erklärungen zu den folgenden Projekten besser nachvollziehen kannst.

Mein (wahrscheinlich) unüblicher Werdegang

Mein 50 Abonnenten Special im Jahre 2013

Siehe dir dazu das Video auf YouTube an

Ich, als ich frisch 2020 in meine neue Werkstatt gezogen bin:

Das erste Video aus meiner neuen Werkstatt

Bevor wir mit den eigentlichen Projekten und den dazugehörigen Tipps und Tricks beginnen, werde ich dir etwas zu meiner Person erzählen. Warum sollte jemand, der nicht einmal Schreiner gelernt hat, dir etwas zu Möbelprojekten und den entsprechenden Tipps sagen können? Aber alles auf Anfang. Ich bin in einer normalen Familie mehr als glücklich aufgewachsen. Mein Großvater war kein richtiger Schreiner. Er hat bei Saarstahl, dem heutigen UNESCO Weltkulturerbe, in Völklingen gearbeitet. *Diesen Ort kann ich euch wirklich wärmstens empfehlen. Gerade wenn ihr an alten Maschinen und Technik interessiert seid, ist dieser Ort quasi Pflicht, wenn ihr im Saarland seid.*

Parallel dazu hat er schon immer die ein oder anderen Holzarbeiten für sich, meine Familie, Bekannte und Freunde ausgeführt. Leider ist mein Großvater sehr früh verstorben, weshalb ich mich selbst nicht mehr richtig an ihn erinnern kann. Dennoch war ich als Kind schon immer an seiner Werkstatt interessiert. Es handelt sich hierbei nicht um eine vollwertige Schreinerei. Die Werkstatt befand sich im Keller des Wohnhauses und die Größe war auch recht bescheiden. In dieser Werkstatt befanden sich: eine selbstgebaute Tischkreissäge, Oberfräse und Drechselbank. Ja diese Maschinen waren selbstgebaut. Darüber hinaus verfügte mein Großvater noch über eine wunderschöne Hobelbank, Abricht- und Dickenhobelmaschine und eine kleine Bandsäge. Gerade die selbst gebauten Maschinen sahen für den ein oder anderen mehr als abenteuerlich aus. Dennoch hat mein Großvater diverse Projekte damit umsetzen können. Gerade

Hier siehst du die demontierte Dreh-Drechselbank. Hieraus wird in Zukunft ein XXL-Tellerschleifer entstehen

was die Drechselarbeiten angeht wurden mir immer viele Projekte und Geschichten erzählt.

Das Grundgerüst der Drechselbank bestand aus einer alten Metall-Drehmaschine. Hier wurde das Maschinenbett entsprechend verlängert, um die hölzernen Teile von Spinnrädern drechseln zu können. Bei diesen selbst gebauten Maschinen gab es viele Eigenschaften, die heute unvorstellbar sind. So kam es auch an der Drechselbank eines Tages zu einem schwereren Unfall. Da die Maschine eigentlich für Metall gedacht war, war auch ein entsprechendes 3 Backenfutter auf der Maschine aufgespannt. Eines Tages geriet mein Großvater mit seiner Hand in genau diese Aufnahme und verletzte sich sehr stark an der Hand. Ich möchte hier nicht zu sehr ins Detail gehen. Aber wie die Großväter und Großmütter nun mal so sind wurde das rasant verbunden und die Arbeit fortgesetzt. Gerade was das Thema Sicherheit angeht, könnte ich bei vielen Eigenbau-Maschinen weitere negative Punkte nennen. Das hat mich dennoch nicht davon abgehalten, diese Maschinen zu behalten, sodass ich sie eines Tages umbauen und anders nutzen kann. Diese Erzählungen haben mich immer fasziniert. Nahezu beiläufig höre ich auch heute noch, welche Dinge von meinem Großvater gebaut wurden. So ist es der gigantische Schrank im Wintergarten, das Geländer oder viele gedrechselte Werke, die mich seit jeher immer schon fasziniert haben. Als ich noch jünger war, dachte ich, dass die Maschinen meines Großvaters echte Profi-Maschinen sind. Ich habe jedoch mit dem Alter herausgefunden, dass dies nicht der Fall ist. Das hat mich aber keinesfalls gestört. Gerade bei fehlendem Equipment ist das Können eines Heimwerkes doch umso größer. Gutes Werkzeug ermöglicht bei schlechter Arbeit noch lange kein gutes Endergebnis.

Parallel dazu habe ich an einem Weihnachtsfest meine allererste Maschine geschenkt bekommen. Dies war einer der Gründe, warum ich dieses Hobby irgendwann intensiver ausgeführt habe. Als erste Maschine habe ich eine Dekupiersäge geschenkt bekommen. Das ist quasi die elektrische Version einer Laubsäge. Dieses Gerät eignet sich gerade für jüngere Bastler sehr, da hier kein großes Gefahrenpotential besteht. In diese Dekupiersäge wird ein feines Sägeblatt eingespannt, welches sich immer Auf und Ab bewegt. Ein richtiger Rückstoß ist eher unwahrscheinlich und ein großes Sägeblatt dreht sich auch nicht, wie bei einer Tischkreissäge. Dies waren Punkte, die gerade für den Anfang für die Dekupiersäge gesprochen haben. Zu dieser Zeit war ich ungefähr 13 Jahre alt. Diese Maschine habe ich von Freunden aus Fulda geschenkt bekommen. Uwe, Birgit, falls ihr diese Zeilen irgendwann zu Gesicht bekommen solltet, danke ich euch aus vollem Herzen. Auch heute erinnere ich mich noch sehr gerne an dieses Geschenk. Wahrscheinlich würde ich all dies, was ich heute tue, nicht machen, wenn ich damals nicht dieses fantastische Geschenk bekommen hätte. Weihnachten ist vorbei und natürlich habe ich direkt meine Eltern belämmert, damit sie mit mir in den nächsten Baumarkt fahren. Denn um etwas sägen zu können, benötigt man natürlich Material. Die Dekupiersäge eignet sich nicht besonders gut, um dickes Massivholz zuzuschneiden. Mit ihr lässt sich besonders Sperrholz und Multiplex wundervoll bearbeiten. Gerade und kurvige Schnitte können

Hier siehst du noch den Rohbau meiner alten Werkstatt. Die Innenseite der Wand war gleichzeitig die Außenwand der Werkstatt

mit ihr sehr gut ausgeführt werden. Mit dieser Maschine habe ich eher weniger praktische Möbel oder ähnliches gebaut. Rückblickend habe ich mit dieser Maschine die Freude am Holzhandwerk gefunden. Nachdem ich viele Stunden an dieser Maschine verbracht habe, kam meine Mutter eines Tages auf mich zu und machte den Vorschlag, dass ich eine Krippe für den Weihnachtsbaum bauen sollte.

Diese Projektidee nahm ich zum Anlass, um endlich die Bandsäge von meinem Großvater benutzen zu dürfen. Zum damaligen Zeitpunkt befand sich diese Maschine noch in der Werkstatt meines Opas. Lange musste ich auf meine Eltern einreden, damit ich diese Maschine mit meinen doch noch jungen Jahren allein nutzen durfte. Hier besteht nämlich bereits ein größeres Gefahrenpotential als bei der Dekupiersäge. Bei der Bandsäge läuft nämlich ein Sägeband geführt auf mehreren Rollen und schneidet somit das Material. Hiermit ist wirklich nicht zu spaßen. Bei unsachgemäßem Gebrauch können hier wirklich schwere Verletzungen auftreten. Deswegen kann ich aus heutiger Sicht alle Eltern verstehen, die eher zurückhaltend sind, was den Umgang mit elektrischen Holzbearbeitungsmaschinen in jungen Jahren angeht. Dennoch habe ich meine Eltern überreden können, die Maschine mein Eigen nennen zu dürfen. Diese Maschine steht übrigens auch heute noch in meiner Werkstatt und läuft wie vor mehreren Jahrzehnten ohne Probleme. Die Bandsäge war für mich ein Quantensprung. Auf einmal konnte ich auch dickeres Material gerade auftrennen und erste Projekte aus Plattenmaterial herstellen. Mit der Bandsäge können sowohl gerade als auch kurvige Schnitte viel besser durchgeführt werden als mit der Dekupiersäge. In der damaligen Zeit waren meine Holzarbeiten natürlich noch reines Hobby. Damals habe ich noch gar nicht daran gedacht, dass ich das irgendwann mal auf einer professionelleren Ebene ausführen würde. Die meiste Aufmerksamkeit habe ich damals der Schule gewidmet. Bei weitem war ich nicht der klassische 1er Schüler. Ich musste für alles in der Schule extrem viel lernen. Wahrscheinlich habe ich auch genau aus diesem Grund viel Zeit der Schule gewidmet. Das kann ich definitiv allen jüngeren Lesern empfehlen. Fokussiere dich zunächst auf die Schule, damit du eine vernünftige Basis für deine späteren Pläne hast.

Schon damals hat mir mein Vater oft von den Drechselarbeiten meines Großvaters berichtet. Und das war ebenfalls ein entscheidender Punkt. Wegen diesen Erzählungen habe ich eines Tages im Internet die günstigste Drechselbank, die ich finden konnte, gesucht. Wie es sich als kleiner Junge gehört, habe ich meine Eltern gefragt, ob ich mir diese kaufen darf. Ungefähr 100 Euro hat die Maschine damals gekostet. Als meine erste selbstgekaufte, größere Maschine angekommen ist, war ich komplett aus dem Häuschen. Wir haben am Mittagstisch gesessen und ich konnte es gar nicht abwarten, das Paket zu öffnen. Damals ist mir die Maschine gigantisch und komplex vorgekommen! Ich wusste teilweise gar nicht wofür manche Bauteile überhaupt gedacht waren. In dieser Zeit habe ich in dem kleinen Schuppen meiner Eltern immer gewerkelt, welcher circa 3 mal 3 Meter groß war. Und dort hat auch meine erste Drechselbank ihren Platz gefunden. Ich wusste damals wirklich nichts. Ich kannte die Bezeichnungen der Maschine nicht. Ich wusste nicht welche Werkzeuge, Drechseleisen und Zubehör es überhaupt gab. Glücklicherweise hat mein Großvater ja auch gedrechselt. Aus diesem Grund hatte ich zu Beginn eine kleine Auswahl an Drechselwerkzeugen. Diese Werkzeuge waren größtenteils selbstgebaut. Da mein Großvater bei Saarstahl gearbeitet hat, ist er wohl an das ein oder andere Stück Werkzeugstahl gekommen und hatte somit Rohmaterial für die Werkzeuge. Also ging es los. Ich habe kleine Holzreste genommen und sie in meine neu erworbene Drechselmaschine eingespannt. Und wie drechselt man nun? Das wusste ich damals nicht. Aus diesem Grund habe ich einfach losgelegt und sehr schnell herausgefunden, was funktioniert und was schmerzliche Verletzungen hervorruft. Drechseln ist relativ ungefährlich. Damals habe ich mir größtenteils leichte Prellungen und Quetschverletzungen zugezogen, weil ich zu forsch in das Material mit dem Werkzeug eingetaucht bin. Aber nach vielen Prellungen, Schürf- und Schnittverletzungen wusste ich einigermaßen, wie ich an meine Zielform gelangen kann. Dieser Prozess hat sehr viel Zeit in Anspruch genommen. Damals gab es fast gar keine erklärenden Videos auf YouTube. Die wenigen, die ich damals gefunden habe, habe ich fast schon studiert. Auch heute noch kenne ich viele Drechselvideos, die ich nahezu auswendig gelernt habe. Wegen den schlechten Aufnahmen und Videoqualitäten habe ich viele Sequenzen bestimmt 100-mal angeschaut, um die Handhabung einigermaßen erlernen zu können. Aber auch damals hieß es schon: probieren geht über studieren. Also sah meine Lernphase zum Drechseln in den ersten Monaten so aus, dass ich, wenn ich endlich ein neues Drechselvideo durch stundenlange Suche gefunden habe, es fast schon studierte und anschließend an meine Maschine ging, um es auszuprobieren. Ich muss meiner Familie und speziell meinen Eltern einen gigantischen Dank aussprechen. Ohne deren Unterstützung wäre ich jetzt definitiv nicht an dem Punkt, an dem ich heute stehe. Hiermit meine ich generell die Gelegenheit den Schuppen so zu nutzen, wie ich es für richtig empfand. Damals habe ich natürlich meinen Freunden die ein oder andere Drechselarbeit gezeigt. Nachdem diese ihren Eltern voller Freude ihre Erfahrungen an der Maschine geschildert haben, wurde dieses eventuell neue Hobby aber schnell abgelehnt, da es zu gefährlich ist und natürlich viel zu viel Dreck macht. Diese ganzen Arbeiten habe ich in dem kleinen Schuppen ausgeführt. Dadurch, dass sich in diesem Raum ein kleines WC und Waschbecken befand, war der Platz noch begrenzter, als er eh schon war.

Am Ende unseres Gartens hinter unserem Baumhaus befand sich ein kleiner Bereich, der damals genutzt wurde, um Gartengeräte und ähnliches zu verstauen. Ja, mein Vater war damals schon so cool, dass er meinem Bruder und mir ein Baumhaus gebaut hat. Mein Vater beschloss irgendwann aus diesem Abschnitt einen weiteren Schuppen zu bauen. Ich habe zu Beginn gar nicht begriffen, was das eigentlich wird. Das wurde meine neue Werkstatt, die ich gänzlich nutzen konnte. Natürlich war das alles ein Prozess. Wir haben zunächst ein Dach auf die damals schon bestehen Pfosten gesetzt. Die Zaunelemente wurden entfernt und eine Holzfassade eingezogen. Da mein Vater damals, wie auch heute sehr viel arbeiten muss, war dies ein sehr langsamer Prozess. So habe ich an vielen Tagen in einer halb geöffneten „Werkstatt" / Schuppen gestanden und an meinen Projekten gewerkelt. Du kannst dir das so vorstellen, dass ich auf Plastikkisten an meinen Projekten gebastelt habe und es 2 Meter neben mir auf den Boden geregnet hat. Denn die Wände konnten wir natürlich nur mit ausreichendem Material und genügend Zeit fertig stellen. Nach mehreren Monaten Bauzeit haben wir das Konstrukt fertiggestellt. Aber natürlich war die Werkstatt zu diesem Zeitpunkt noch nicht fertig. Die grundsätzliche Struktur war fertig. Aber zu einem Bastelschuppen / Werkstatt gehört natürlich noch viel mehr. Ich hatte damals lediglich eine Steckdose, mit der ich alles betreiben musste. Meine einfache Baumarkttischkreissäge, meine kabelgebundene Bohrmaschine und auch weitere Kleinstgeräte wie Dremel und Schleifmaschine musste ich immer in umständlicher Arbeit umstecken, damit ich diese benutzen konnte. Das hat für mich aber keine Rolle gespielt. Ich hatte endlich einen größeren Raum, in dem ich mich austoben konnte. Diese Werkstatt war ungefähr 7 Meter lang und 3 Meter breit. Das war zu der vorherigen Größe ein echter Sprung für mich. Meine geliebte Drechselbank hatte ab sofort ihren eigenen Platz und ich habe auch mein erstes Video zum Thema drechseln gedreht. Nachdem ich monatelang an den gleichen und einfachsten Drechseltechniken herum gefeilt habe, ist mir eines Tages der Gedanke gekommen, dass ich vielleicht nicht der einzige Junge bin, der dieses Hobby ausführt und auf ähnliche Probleme gestoßen ist. Wie nutze ich einfache und günstige Drechseleisen. Wie drechsele ich eine Holzschale. Welches Holz ist günstig und einfach zu drechseln, sodass man erste Erfolgserlebnisse an der Drechselbank erzielen kann? Also habe ich mir eines Tages die Kamera meines Vaters geschnappt und mein erstes Drechselvideo gefilmt. Dieses Video ist auch heute – fast 10 Jahre später – noch auf meinem YouTube-Kanal online. Und der Beweggrund für mich, Videos zu machen, ist ebenfalls der gleiche. Ich möchte meinen Zuschauern bei Projekten zeigen, wie ich ein Problem löse. Du glaubst mir nicht? Dann vergewissere dich doch selbst und schau dir mein erstes Video auf meinem YouTube-Kanal: „Konterholz - Philipp Konter" an. YouTube war zum damaligen Zeitpunkt noch recht neu und ich war weiterhin noch ein kleiner Junge. Als ich damals meinem Klassenkameraden erzählt habe, dass ich mein erstes Video zum Thema drechseln im Internet veröffentlich habe, kam zunächst großes Gelächter. Natürlich habe ich zu Beginn nur sehr wenige Aufrufe mit diesem Video erzielt. Aber jeder neue Klick auf mein Video hat mich immer wieder zum Strahlen gebracht. Damals konnte man den YouTube-Kanal ab einem gewissen Zeitpunkt monetarisieren. Dies war ein Bewerbungsprozess, den ich erfreulicherweise bestanden habe. Das bedeutet, dass ich zum damaligen Zeitpunkt Geld mit meinem Video erwirtschaften konnte. Aber auch hier wurde ich von vielen belächelt. An ein Beispiel kann ich mich auch heute noch erinnern. Mir wurde ausgerechnet, dass ich mit den damaligen Einnahmen mir in einem Jahr einen Keks kaufen könne, welcher einen Euro kostet. Da ich hierauf keine vernünftige Antwort wusste, habe ich einfach geschwiegen. Hätte ich damals keine aufbauenden Kommentare unter dem Video erhalten, würde mein YouTube-Kanal wahrscheinlich heute nicht mehr existieren. Mein damaliger Plan ging nämlich wirklich auf. Ich konnte anderen zeigen, wie man mit einer günstigen Drechselbank und einfachen Werkzeug erste Resultate erzielen kann.

Ab diesem Zeitpunkt habe ich nicht mehr so oft über mein neues Hobby: YouTube gesprochen. In dem Alter von 13 Jahren war es natürlich sehr schwierig ein Video fertig zu stellen, um es anschließend mit dem Internet zu teilen. Hier war das fehlende Equipment natürlich auch ein großes Hindernis. Teilweise löste dies auch den ein oder anderen Streit in unserer Familie aus, da ich nicht nur einmal die Kamera meines Vaters völlig verstaub ihm zurückgab, die er auch für seine Arbeit benötigte. Vielleicht fragst du dich dennoch, warum ich mit diesem Hobby unermüdlich weiter gemacht habe. Ich nenne dir ein Beispiel. Vielleicht hast du schon mal etwas Kleines gebastelt, dein Zimmer umgeräumt oder ein Bild gemalt und es anschließend deinen Eltern, Freunden oder Bekannten gezeigt. Dieses Feedback war bestimmt in den meisten Fällen ein schönes Gefühl und es hat dich gefreut. Und genau das war YouTube für mich. Ich wusste, dass wenn ich ein neues Video hochlade, ich in den nächsten Tagen und Wochen fast nur tolle und aufmunternde Kommentare von meinen Zuschauern erhalten werde. Dies hat mir mehr als einmal Mut gemacht und genau deswegen habe ich Tag für Tag weiter an meiner Drechselbank gedrechselt. Drechselarbeiten haben meinen Kanal für eine lange Zeit geprägt und ich habe viele Videos zu diesem Thema veröffentlicht. Irgendwann hat mir Drechseln allein aber nicht mehr ausgereicht. Mich haben generelle Holzprojekte immer mehr fasziniert und interessiert. Also habe ich angefangen, auch diese Themen mit der Kamera zu filmen um sie anschließend mit meinen Zuschauern zu teilen. Und auch an diesem Punkt stand die Freude beim Erstellen der Videos und die anschließende Resonanz der Zuschauer weiterhin im Vordergrund. So vergingen mehrere Jahre, in denen sich immer mehr Maschinen angesammelt haben, mehr Zuschauer meinem Kanal gefolgt sind und ich älter wurde. Begriffe wie YouTuber und Influencer sind heute nicht mehr unbekannt. Aber damals waren diese Begriffe noch nicht sehr weit verbreitet. So gab es auch zum damaligen Zeitpunkt wenige Holzwerker-YouTuber und ich durfte mich zu einem der wenigen zählen, der Videos in diesem Bereich auf YouTube veröffentlich hat. Auch wurde in dieser Zeit noch bedeutend weniger Influencer-Marketing als heute betrieben. Natürlich wusste ich damals auch noch nicht, was das ist. Eines Tages wurde ich jedoch von einer Firma kontaktiert, ob ich nicht deren Kappsäge haben möchte. Im Gegenzug wollten diese lediglich ein Video auf meinem Kanal sehen, in dem ich diese Maschine zeige und auspacke. Diesen Deal konnte ich mit meinen damaligen 18 Jahren nicht ausschlagen und habe zugestimmt. Tatsächlich nutze ich diese Kappsäge auch heute noch; 6 Jahre später. Zu dieser Zeit habe ich langsam mehr mit meinem YouTube-Kanal verdient. Dies war zwar nicht sehr viel, aber es war schließlich auch mein Hobby. Hier hat es für mich keine große Rolle gespielt, ob ich viel Geld verdiene. Damals waren das pro Monat ungefähr 50-120 Euro. Dies hat jeden Monat, je nach

Jahreszeit stark variiert. Mit dieser Erkenntnis habe ich damals weiterhin das Hauptaugenmerk auf die Schule gelegt. Tatsächlich wollte ich damals Lehrer werden. Ich habe mir einfach gedacht, dass es mir Spaß macht Menschen zu zeigen, wie etwas funktioniert. Dazu hat man als Lehrer wahrscheinlich mehr Freizeit im Vergleich zu einem regulären Angestelltenverhältnis. Hierfür müsste ich studieren. Um meinem damaligen Traum keinen Strich durch die Rechnung zu machen, da ich wegen Faulheit mein Abitur nicht abgeschlossen hätte, habe ich auch in dieser Zeit den Großteil meiner Zeit der Schule gewidmet. Handwerkliche Tätigkeiten habe ich schneller erlernt als schulisches Wissen. So musste ich auch extrem viel im Vergleich zu meinen Mitschülern lernen, um mein Abitur erfolgreich abschließen zu können. Meine Abiturprüfung war grottenschlecht. Nur aufgrund der besseren Vornoten, die ich in den Vorjahren gesammelt habe und der grandiosen Französischlehrerin, welche uns in 2 Jahren die französische Sprache beigebracht hat, habe ich mein Abitur überhaupt bestanden. Auch heute bin ich für mich ins geheime immer noch stolz, meine mündliche Prüfung in Französisch abgelegt zu haben. Hier hat mein Vater mich außerdem tatkräftig unterstützt. Gerade als die Spannung vor der mündlichen Prüfung immer größer wurde, haben wir immer wieder die gleichen Abläufe geprobt und andere Übungsaufgaben für genau diese mündliche Prüfung eingebaut. Normalweise hat meine Mutter mir immer zur Seite gestanden, wenn ich mal wieder nicht in der Schule weitergekommen bin. Sie hat alles in die Wege geleitetet, damit ich fehlendes Wissen in mehreren Nachhilfestunden wiederholen konnte.

Ich möchte hier definitiv nicht mit meinen französischen Sprachkenntnissen glänzen. Das kann ich auch gar nicht. Jedoch habe ich aufgrund dessen in späteren Reisen mit Freunden durch Frankreich die fundamentalen Redewendungen nutzen können und mich mit den dortigen Menschen wenigstens halbwegs verständigen können. Diese stressige Abiturzeit hat mir aber auch eine wichtige Erkenntnis gebracht. Wirklichen Spaß hatte ich während dieser ganzen Lernphase nicht. Nur der bloße Gedanke, dies in Form eines Studiums für die nächsten Jahre fortzuführen, war für mich ab diesem Zeitpunkt der blanke Horror. Nicht nur das. Natürlich besteht bei einem Studium auch immer die Möglichkeit, dass man dieses auch einfach nicht besteht. Da ich die ewige Lernzeit in Form meines Abiturs nicht geradlinig fortsetzen wollte, ist mir der Gedanke einer Ausbildung gekommen. Hier würde ich die nächsten 3 Jahre wirklich praxisnahe Fertigkeiten erlernen, die mir auch Spaß machen würden. Außerdem könnte ich anschließend immer noch studieren. Ich kann dir an diesem Punkt bereits so viel sagen, dass ich hier völlig falsch gelegen habe. Diese Entscheidung war wohl mit einer der größten Auslöser mich selbständig zu machen. Aber dazu gleich mehr.

Ich habe die letzten YouTube-Jahre somit reflektiert. Als ich 16 Jahre alt war habe ich ein Praktikum bei einem Schreiner gemacht. Das hat mich von diesem Beruf eher abgeschreckt als begeistert. Ich dachte zu Beginn wirklich, dass ich den dortigen Schreinermeistern über die Schultern blicken könnte und Möbel bei ihrem Entstehen sehen würde. Aber auch hier lag ich völlig falsch. Stattdessen haben wir den Großteil der Zeit damit verbracht, alte Fenster auszubauen und neue Kunststofffenster einzubauen. Diese Arbeit war kräftezehrend und langweilig. Durch diese Erfahrung habe ich mich dazu entschieden, eine Ausbildung in der Metallbranche zu machen. Meine Überlegung war folgende: Viele holzbearbeitende Maschinen gibt es in kleinen, leichten und günstigen Ausführungen. Das ist gerade dann sehr wichtig, wenn die Werkstatt nicht ebenerdig ist und man schweres Equipment gar nicht in die Werkstatt befördern kann. Metallverarbeitende Maschinen sind im Vergleich oft um ein Vielfaches schwerer, teurer und komplexer. Wenn ich nun eine Ausbildung in der Metallbranche machen würde, hätte ich Zugang zu genau diesen Maschinen, die ich selbst nicht hätte nutzen können, da mir die nötige Kenntnis und der Platz fehlen würden. Wie wahrscheinlich viele habe ich zunächst in meinem Bekanntenkreis gefragt, welche Ausbildung diese absolviert haben. Ich lebe im Saarland. Hier sind viele Industrien ansässig und somit haben sehr viele Menschen auch metallverarbeitenden Berufen erlernt. Eines Tages wurde mir der Vorschlag gemacht, ich solle Industriemechaniker, oder früher auch Schlosser genannt, lernen. Mit diesem Hinweis habe ich mich an den Computer gesetzt und angesehen, was ein Industriemechaniker so macht. Hier wird oftmals davon gesprochen, dass ein Industriemechaniker dafür verantwortlich ist, dass eine Maschine reibungslos funktioniert. Verschleißt mal ein Bauteil oder ein Lager, so wird dieses von dem Industriemechaniker ersetzt oder repariert. In dieser Zeit habe ich mir parallel immer mehr Maschinen gekauft, die immer älter wurden. Das Paradebeispiel war meine Flachriemen angetriebene Drechselbank.

Zum Video:

Ich kenne das genaue Baujahr nicht. Jedoch gehe ich davon aus, dass diese um 1920 gebaut wurde. Diese Maschine verfügte über einen circa 3 Meter langen Flachriemen, welcher von einem alten Motor auf einer selbst gebauten Haltekonstruktion montiert und angetrieben wurde. Kugellager waren hier nicht verbaut. Nein in diese Maschine wurden noch Gleitlager gebaut. Diese verfügten über eine

Verbraucherschmierung, was so viel bedeutete, dass ich regelmäßig Fett in die dafür vorgesehenen Töpfe einfüllen musste. Während dem Drechseln musste ich diese schraubbaren Kappen immer weiter eindrehen, damit frisches Fett in die Lager gelangt ist. Bei zu hoher Drehzahl haben sich diese Gleitlager beziehungsweise Halb-Schalenlager ausgedehnt und blockierten somit die Welle. Die sicherste Maschine war dies durch die freilaufende Transmission natürlich nicht. Dennoch konnte ich durch sie sehr viel lernen. Viele Probleme stellten sich mir gerade am Anfang in den Weg, wenn die Maschine nicht so funktioniert hat, wie ich es wollte. So rutschte eines Tages der Flachriemen durch und das Holz konnte nicht kontinuierlich angetrieben werden. Also habe ich erneut im Internet recherchiert und bin auf Riemenpech beziehungsweise Treibriemenwachs gestoßen. Das ist ein sehr altes Mittel für diese alten Maschinen. Hierbei handelt es sich um einen runden Stick, welcher an den laufenden Flachriemen gehalten wird. Durch dieses Adhäsionsmittel wurde verhindert, dass der Flachriemen durchrutscht. Anders als bei normalen Keilriemen, wie zum Beispiel in einem Pkw können diese Flachriemen nämlich nicht so stark gespannt werden. Deswegen war Riemenpech so wichtig.

Du siehst hier erneut, dass ich auf viele Probleme gestoßen bin und lernen musste, diese zu umgehen. Aber so habe ich wieder unglaublich viel Wissen für mich ansammeln und nutzen können. Ich habe diese Drechselbank damals immer mit dem originalen 3-Backenfutter verwendet, denn die Aufnahme bestand aus einem alten englischen Gewinde, welches nicht mit dem heutigen, metrischen Gewinde übereinstimmte. Aus diesem Grund hat mich diese eher störende Eigenschaft der Drechselbank damals auch dazu gebracht, eine Ausbildung als Industriemechaniker wirklich zu machen. Würde mir erst mal jemand zeigen, wie ich eine Metall-Drehmaschine richtig nutze, so könnte ich mir einen Adapter drehen und somit neumodische Drechselfutter auf meine altertümliche Drechselmaschine spannen. Dieser und viele weitere Gedanken schwirrten damals in meinem Kopf herum. Mit der Berufsbeschreibung, welche ich damals gefunden habe, wurde dies mein absoluter Traumberuf. Ich liebte es Maschinen zu pflegen und in Schuss zu halten. Würden meine Hände mal dreckig werden, so sah ich dies ebenfalls nicht als Nachteil, sondern eher als tolle Abwechslung in diesem Beruf. Ich wollte die Person sein, die man gerne ruft, wenn eine Maschine mal nicht das macht, was sie eigentlich soll. Denn ich hätte dieses Problem souverän und mit Freude gelöst. Wie auch die Probleme, auf die ich bei meiner Drechselbank und anderen alten Maschinen gestoßen bin. Also ging es für mich nach dem Abitur so richtig mit den ersten Bewerbungen los. Welche Betriebe bieten eine geeignete Ausbildung für meinen Traumberuf? Hier im Saarland gibt es sehr viele große Industrien, die diesen Beruf auch lehren. Tatsächlich habe ich mich bei gar nicht mal so vielen Betrieben beworben. Um genau zu sein, waren es nur 4 Stück. Nachdem ich bei allen Betrieben den Einstellungstest bestanden hatte, kam auch schon das erste Bewerbungsgespräch. Untern Strich kann ich sagen, dass ich hier wohl nicht der beste und nicht der schlechteste war. Wahrscheinlich habe ich mich einfach gut verkauft. Aus diesem Grund ist es auch nur bei dem einen Einstellungsgespräch geblieben. Ein paar Tage später bekam ich dann die lang ersehnte Information, dass ich die Ausbildung erhalten würde. Ich und meine Familie waren wirklich vollkommen aus dem Häuschen. Ein sicherer Arbeitgeber mit Zukunftsperspektive und sehr guter Bezahlung. Auch hier muss ich mich bei meiner gesamten Familie bedanken. Besonders mein Bruder hat mir hier tatkräftige Unterstützung geleistet.

Nach der langen Pausenzeit nach dem Abitur begann endlich die Ausbildung. Und tatsächlich bin ich erst einmal voll auf die Nase gefallen. Die erste Kennenlernwoche war der absolute Horror. Ich bin ein Typ Mensch, der niemals bewusst jemanden auf die Füße treten möchte. Ich glaube gewissermaßen an Karma und aus diesem Grund spreche ich nicht schlecht über andere Personen oder in diesem Fall meine Ausbildung. Ich möchte es jedoch umschreiben. Vielleicht waren meine Erwartungen zu hoch oder meine subjektive Wahrnehmung getrübt. Nach der katastrophalen Kennenlern-Woche begann die reguläre Ausbildung. Natürlich war mir der Begriff „Lehrjahre sind keine Herrenjahre" bekannt. Das hatte ich bei diversen Nebenjobs und Praktika auch immer im Hinterkopf. Gab es eine Aufgabe, die dreckig, schwer und nervig ist, ich aber die Person bin die es als Nebenjobber erledigen musste, so tat ich dies stets und habe nicht gemeckert. Aber teilweise unnötige Schikane und dubiose Anschuldigungen haben auch Jahre später einen bleibenden Knick bei mir hinterlassen. So war ich in der Ausbildung immer die Person, die Ärger bekam und als „unzuverlässige" Person betitelt wurde. Meine Mitauszubildenden waren hier nicht das Problem. Ganz und gar nicht. Zu vielen habe ich auch heute noch Kontakt und manche kann ich mittlerweile sogar meine Freunde nennen.

Oftmals bin ich in der Ausbildung erschrocken, wenn ich gewisse Personen nur gesehen habe. Viel zu oft gab es wegen Belanglosigkeiten Ärger, den ich heutzutage nur noch schwer in Worte fassen kann. Auch Jahre später habe ich leider immer noch zu oft das Gefühl, wenn ich unbekannte, schwer einzuschätzende Personen treffe, keine Ahnung zu haben, wie ich mich zu verhalten habe. Ich hatte in der Zeit auf fast nichts mehr Lust und habe auf das Ende der Ausbildung hingearbeitet. Trotz allem habe ich mich dennoch angestrengt. Es war leichter ein bisschen mehr zu lernen und in der Berufsschule einfach still zu sein, als es zu riskieren, in den Betrieb geschickt zu werden. Also habe ich meine Ausbildung auch gar nicht mal so schlecht abgeschlossen. Für mich war ab einem gewissen Zeitpunkt glasklar, dass ich regulär in diesem Betrieb arbeiten wollte, sodass ich nicht mehr in die Ausbildung muss. Das waren Betriebseinsätze. Das bedeutet, dass ich am Fließband geholfen habe. So musste ich nicht in der Ausbildung sein. Eines Tages wurden wir in der Versammlung gefragt, ob wir an einer internen Weiterbildung teilnehmen möchten, in der es darum ging, programmiertechnische Fertigkeiten zu erlernen. Die Vorteile haben für mich nicht überwogen, weswegen ich mich bei der Abstimmung, wer dies in Erwägung zieht, nicht gemeldet habe. Dazu wäre die Ausbildungszeit außerdem verlängert worden. Mein Ziel war hier ja bereits klar. Ich möchte die Ausbildung abschließen und mein erstes richtiges Geld verdienen. Das blöde an dieser Abstimmung war jedoch nur, dass ich der Einzige war, der sich nicht gemeldet hat, um an der Weiterbildung teilzunehmen. Also wurde nach dieser Abstimmung gefragt, wer denn nicht an der Weiterbildung teilnehmen möchte. Und wer hat sich als einziger gemeldet? Natürlich ICH. Ich kann mich heute noch gut an diesen Moment erinnern. Das war wirklich ein ganz komisches Gefühl, plötzlich von allen angestarrt zu werden. Als ich daraufhin gefragt wurde, warum ich diese weiterbildende Maßnahme nicht in Erwägung ziehe, habe ich jedoch eine klare Antwort gegeben. Ich habe diese Ausbildung mit meinem damaligen Ziel begonnen. Dieses Ziel besteht weiterhin, weswegen diese Weiterbildungsmaße nicht interessant für mich war. Monate vorher habe ich auch erfahren, dass ich tatsächlich den falschen Beruf erlerne. Du fragst dich gerade bestimmt, ob man so blöd sein kann. Nachdem ich im Bewerbungsgespräch meine Vorstellungen von den späteren Tätigkeiten, so wie ich sie bereits erläutert habe, war mir klar, wie meine spätere Arbeit ungefähr aussehen wird. Jedoch wurde ich erst nach Monaten der Ausbildung eines Besseren belehrt. Es gibt nämlich den kleinen, aber feinen Unterschied der neumodischen Berufsbezeichnung Industriemechaniker. Ich dachte, dass der Industriemechaniker die Berufsgruppe „Schlosser" und deren Tätigkeiten 1 zu 1 übernommen hat. Nur gibt es beim Industriemechaniker zwei entscheidende Beisätze. Dies ist zum einen Betriebstechnik und Produktionstechnik. Ich hätte den Industriemechaniker für Betriebstechnik erlernen müssen. Hier werden in den richtigen Betrieben genau diese Arbeiten auch ausgeführt und erlernt. In meinem Fall habe ich eine Ausbildung für Fließbandarbeit gemacht. Als ich das erfahren habe, war meine Laune wirklich im Keller.

Ich möchte nochmals betonen: Es handelt sich hierbei um meine subjektive Wahrnehmung. Es gab und gibt viele Auszubildende, die sehr zufrieden mit der Ausbildung sind. Ich gehörte jedoch nicht dazu.

Trotzdem habe ich viele gute Freunde in dieser Zeit gefunden, über die ich weiterhin sehr dankbar bin. Durch eine Person habe ich die Liebe zum Reisen gefunden. Hier wurde ich gefragt, ob ich Lust hätte, spontan nach Frankreich mit dem Auto zu reisen. Das war ein Roadtrip wie im Bilderbuch. Laute Musik, die wildesten Fahrten über Schotterstraßen, den Berg hinauf, bei dem beinahe das Auto gecrasht wurde und viele tolle Erlebnisse. Glücklicherweise habe ich in dieser Zeit täglich mitgeschrieben, was wir alles unternommen haben. So haben wir beispielsweise eines Nachts auf einem großen Feld im Zelt neben dem Auto übernachtet. Am nächsten Morgen stand am unteren Ende des Feldes weit entfernt ein kleines Kind mit dem Fahrrad und hat uns regelrecht wach geschrien. Jedoch hat es nur „Attack" gerufen, was wir nur schwer einschätzen konnten, da das Skurrile nicht gerade durch die Tatsache aufgelockert wurde, dass das Kind einen großen, geformten, rosa Luftballon in der Hand hielt.

Mein Vater hat vorgeschlagen, dass wir ein Stromaggregat mitnehmen sollten. Denn so hätten wir ja schließlich Strom. Du warst selbst des Öfteren schon mit dem Auto im Urlaub? Dann wirst du dir sicherlich vorstellen können, was das eigentlich für eine dumme Idee war. Denn so ein altes Stromaggregat ist natürlich extrem laut. Aus diesem Grund hatten wir auch meterweise Verlängerungskabel mit an Bord. Wir haben zwar oft fast schon im Nirgendwo gecampt, dennoch hat es mich wirklich gewundert, dass hier niemals die Polizei gerufen wurde. In der Nähe haben wir ebenfalls eines Abends unser Camp aufgeschlagen und wollten unsere Sound-Anlage aktivieren. Aus diesem Grund habe ich auch an diesem Abend wieder das Stromaggregat eingeschaltet. Das war zumindest mein Plan. Vielleicht lag es an einem Bier zu viel, aber ich habe das Starterseil mit viel zu

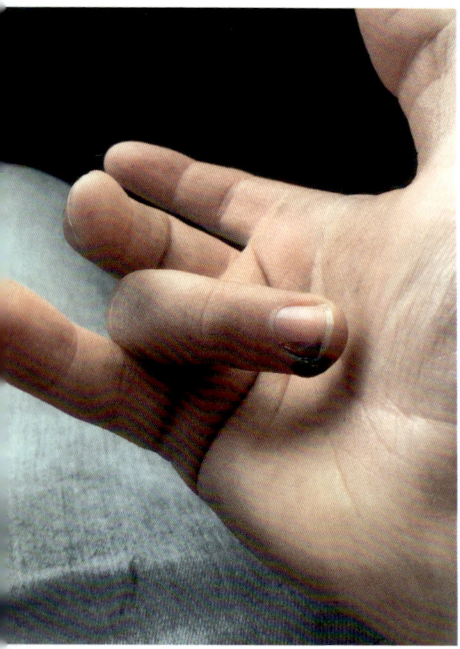

viel Elan angezogen und dabei meinen halben Finger an einer scharfen Kante abgeschält. Ich habe bis dato noch nicht gewusst, dass ein Finger so schnell dick und blau anlaufen kann. Nach diesem Erlebnis musste unweigerlich der Schmerz mit Bier erstickt werden. Durch das fehlende Strom Aggregat konnten wir jedoch keine Musik hören, was natürlich ein absolutes Unding ist. Deswegen haben wir kurzerhand das Auto gestartet und über die Auto Boxen die Musik erklingen lassen. Dass das Fahrzeug danach knappe 6 Stunden im Stand hinter uns gelaufen ist, hat uns wenig gestört. Heute weiß ich, dass das nicht gerade das Beste für einen Motor ist. Auch wundert es mich heute noch, dass der Peugeot Partner an diesem Abend nicht stecken geblieben ist, denn mein Kumpane Janis hatte die glorreiche Idee, mit dem nicht allzu geländegängigen Fahrzeug den matschigen Strand entlang zu driften. Als wir eines Abends einen enorm steilen Berg hinauf gefahren sind, um einen tollen Platz zu erreichen, haben wir beinahe das Auto ruiniert, da dieser Peugeot Partner keine 6 cm Bodenfreiheit mehr hatte und die spitzen Steine fast die Ölwanne zerstört haben. Aus diesem Grund haben wird an dieser serpentinenartigen Strecke zurückgesetzt und in der Kehrtwende unser Lager aufgeschlagen. Da es an diesem Abend sehr kalt wurde und unser Lagerfeuer nicht genügend Hitze wegen fehlendem Brennholz erzeugte, bin ich auf die geniale Idee gekommen einen kleinen Baum zu fällen, um Brennholz zu schneiden. Natürlich war das Holz noch sehr nass, weswegen es gar nicht erst zu brennen begann. Mit dem ein oder anderen Bier zu viel war es nur logisch den nassen Baumstamm mit Benzin zu überzeugen, dass er brennen soll. Dass ich hierbei den Fuß meines Kollegen

in Brand setzte, war nur ein Problem bei meiner Mission. Nicht allzu frisch haben wir am nächsten Tag auch gesehen, dass wir diese Aktion in einem Naturschutzgebiet durchgezogen haben. Da wurde uns natürlich schon ganz anders zu Mute...

Übrigens, eines Morgens sind wir in irgendeiner französischen Stadt aufgewacht und standen inmitten einer gigantischen Menschenmenge verkleidet als Anime. So ist an uns eine Person verkleidet als Pikachu und die nächste als Naruto vorbei gegangen. Diese und viele viele weitere Erlebnisse haben mich bis heute noch sehr geprägt. Janis, danke für diese genialen Trips!

Dieser Roadtrip war für mich damals auch Grund genug aus meinem ersten eigenen Auto die Rücksitze auszubauen, um diese durch Matratzen zu ersetzen. So hatte ich damals die Möglichkeit mit meinem ersten eigenen Auto auch kleine Reisen zu unternehmen. Ich war wirklich wie besessen davon, einfach nur dieses Privileg auszuüben. Weil ich damals niemanden gefunden habe, der bei einem spontanen Kurztrip mit mir kommen konnte, entschied ich mich dazu, allein zu fahren. Ich war damals 18 Jahre alt und hatte niemanden in meinem Bekanntenkreis, der sich schon mal dazu entschieden hat, 2 Wochen allein eine Reise zu machen. Als ich mich mit Freunden unterhielt, meinten diese nur: „Wenn niemand mit mir kommen könnte, würde ich zu Hause bleiben". In der damaligen Zeit, als ich Urlaub hatte, wollte ich so viel Abstand wie möglich zur Ausbildung bekommen, weswegen ich dennoch allein gefahren bin. Das war ein wirklich interessantes Erlebnis. Tatsächlich war es relativ öde, da ich keinen wirklichen Komfort in meinem ersten „Camper" hatte. Ich konnte lediglich im Kofferraum schlafen. Das bedeutete, dass ich immer draußen war und immer umherwanderte. So habe ich mir manchmal einfach gewünscht, kurz einen Rückzugsort zu haben, bei dem mir niemand in mein Auto blicken konnte. Denn mein Auto war komplett einsichtig. Das war auch damals manchmal sehr gruselig. Aber genau wegen diesen Ereignissen, den vorherigen Trips mit Freunden und dieser einen Fahrt, bei der ich allein unterwegs war, wuchs in mir der Wunsch ein Gefährt zu besitzen, bei dem ich alles, was ich mir wünschte, umsetzen konnte. Also habe ich mir einen VW T4 gekauft. Auf meinem YouTube-Kanal habe ich beide Ausbauten genau dokumentiert. Ja, du hörst richtig. Ich habe meinen VW-Bus zweimal ausgebaut. Der erste Ausbau ist nach ungefähr einem Jahr wieder herausgeflogen, da er teilweise unpraktisch war. Danach habe ich das gesamte Konzept neu durchdacht und einen richtigen Camper aus meinem VW-Bus gemacht. Auch heute fahre ich noch liebend gerne mit diesem Fahrzeug an die verschiedensten Orte. Er ist zugegebenermaßen nicht der schnellste, dennoch komme ich mit diesem Auto nahezu an jeden schönen Ort, an den ich möchte. Auch heute unternehme ich noch Trips, bei denen ich teilweise allein unterwegs bin. So habe ich schon diverse Seminare besucht, bei denen ich nach der Weiterbildung in Städten in irgendwelchen Straßen komfortabel übernachten konnte. Auch habe ich schon einen Kurztrip unternommen, bei dem ich etwas reisen wollte, dabei aber auch meine Weiterbildung für den Online-Handel absolvieren wollte. So bin ich nach Berlin gefahren, habe auf dem Weg viele schöne Ort besichtigt und konnte mich gleichzeitig weiterbilden. Ein absoluter TRAUM, wenn du mich fragst. Mit diesem Gefährt hatte ich alles dabei, was ich brauchte, um regelrecht leben zu können. Mein warmes Bett, eine normale Küche, Musik, welche durch mein Stromsystem ausreichend Stimmung für den ganzen Abend schaffen konnte, und viele weitere tolle Eigenschaften. Ich liebe meinen VW-Bus und die Erlebnisse, die ich damit sammeln konnte. Durch dieses Auto hatte ich bis jetzt schon das Privileg, Frankreich, Spanien, Portugal, Gibraltar, die Niederlande, Belgien, die Schweiz, Polen, Tschechien, Österreich, die Slowakei, Slowenien, Kroatien, Bosnien, Dänemark, und Schweden erkunden zu dürfen.

All dies ist nach meiner Ausbildung und nach meinem Angestelltenverhältnis passiert. Ich habe bereits erwähnt, dass die Ausbildung nicht leicht für mich war. Eigentlich habe ich das nur überstanden, weil ich ab einem gewissen Punkt mein damaliges Ziel: die Beendigung der Ausbildung, vor Augen hatte. Glücklicherweise bestand mein 3. Ausbildungsjahr daraus, dass ich im Werk bereits mitarbeiten konnte. Hier bestand oftmals meine Arbeit darin, Teile auf ein Band aufzulegen. Zwar Nicht die spannendste Arbeit, dennoch besser als die Ausbildung. Außerdem waren meine dortigen Arbeitskollegen sehr nett und einfach normal.

Eines Tages war es dann so weit! Ich war ausgelernt und konnte mein erstes eigenes Geld verdienen. Dieses Gehalt war durch die 3-Schicht-Arbeit auch wirklich gut. Meine drei Schichten waren wie folgt aufgeteilt. Eine Woche, also von Montag bis Freitag, Nachtschicht, dann Mittagschicht und danach Frühschicht. Nach circa einem Monat als Bandarbeiter, habe ich aber bereits gemerkt, dass ich hier auf Dauer nicht glücklich werden würde; nein sogar krank. Ich möchte dich nicht weiter mit meiner für mich mehr als misslichen Lage langweilen. Also fasse ich mich an diesem Punkt kurz. Ich habe es nach drei Monaten nicht mehr ausgehalten und habe gekündigt. Ich wollte hier nicht zu der Gruppe Menschen gehören, die sich über alles beschweren, aber keine Taten folgen lassen. Somit ging ich eines Tages zum letzten Mal durch die besagten Hallen. Du glaubst gar nicht, was für ein komisches Gefühl das war. Einerseits war ich voller Glücksgefühle, andererseits blickte ich mit großer Furcht in die Zukunft. Denn ab sofort musste ich ja irgendwie mein eigenes Geld verdienen. Zu dem damaligen Zeitpunkt habe ich nicht viel Geld mit YouTube verdient. Die reinen YouTube-Werbeeinnahmen haben, seitdem ich mit YouTube angefangen habe, noch nie ausgereicht, um davon leben zu können. Also habe ich bereits in meiner Ausbildung angefangen mich nach Alternativen umzusehen, mit denen ich langfristig Geld verdienen konnte. Dazu gehörte damals auch noch, diverse Firmen telefonisch zu kontaktieren, um eine eventuelle Partnerschaft auf YouTube zu starten. Das sah dann immer wie folgt aus. Ich habe mich damals schon auf die Probleme fokussiert und nach entsprechenden Lösungen Ausschau gehalten. Dies waren teilweise Bauelemente für Projekte oder kleinere Maschinen, mit denen man Arbeiten besser umsetzen konnte. Nachdem ich ein Problem gefunden habe, welches ich lösen wollte, habe ich nach bestehenden Lösungen auf dem Werkzeugmarkt Ausschau gehalten. Als ich dann Firmen gefunden habe, welche das passende Werkzeug verkaufen, habe ich mein Telefon geschnappt und eine vorab erstellte Liste direkt am Telefon besprochen, welche die Firmen dazu bringen sollte, mit mir zu kooperieren. Sehr oft bekam ich hier eine Absage. Jedes Mal aufs Neue musste ich viel Überwindung aufbringen, um den nächsten eventuellen Partner zu kontaktieren. Natürlich wurde ich ziemlich schnell am Telefon abgewürgt. Jedoch habe ich ein paar Aufträge so an Land ziehen können. Damals habe ich aber auch schon gemerkt, dass diese Taktik auf Dauer nicht funktionieren würde. Es ging nicht um die Videos oder die Projekte, die ich in den entsprechenden Kooperationen umgesetzt habe. Ich stehe auch heute noch hinter allen Projekten, die ich mit Firmen umgesetzt habe. Projekte, die mir nicht zusagten, habe ich gar nicht erst gebaut und folglich nicht mit meinen Zuschauern geteilt. Ich habe wirklich unglaublich viele Dinge in dieser Zeit ausprobiert. Zum Beispiel habe ich eines Tages den Aufruf gemacht und Zuschauer gesucht, die bereit dazu waren, dass ich sie besuche und eine Werkstatt-Tour bei ihnen filme und sie interviewe. Oftmals habe ich hierfür einige Stunden Anfahrt, Staus und viel Stress mit meinen Eltern in Kauf genommen, weil manche Besuche viel zu knapp vor anderen privaten Terminen lagen. Aber damals stand meine Firma bereits an Platz Nummer Eins. Ein weiterer damaliger Plan war außerdem Stirnholzschneidebretter herzustellen um diese anschließend verkaufen zu können. Da Stirnholz sehr anspruchsvoll zu schleifen ist, habe ich mir hierfür extra eine Maschine gebaut, mit der ich diese Küchenbretter sehr effizient schleifen konnte. Aber auch diese Geschäftsidee ist im Sande verlaufen. Um eine weitere Einnahmequelle zu besitzen, habe ich auch damals erneut mein Telefon in die Hand genommen und einen Bekannten gefragt, ob dieser Arbeit für mich hätte. Hier wurde mir gesagt, dass er ein Haus besitzt, welches entkernt werden musste. Also hatte ich eine neue Aufgabe, die ich ausführen konnte. Alles klein schlagen und Bauschutt tragen. Es gab sicherlich weitere Ideen, die ich damals hatte und auch ausgeführt habe. Das sollte aber nur eine kleine Auflistung gewesen sein. Parallel habe ich in der damaligen Zeit natürlich immer an weiteren Projekten für meinen YouTube-Kanal gearbeitet. So habe ich mich eines Tages intensiver mit der Schreibgeräteherstellung beschäftigt. Mich hat es sehr gestört, dass es im Internet keine guten Videoanleitungen gab, die eine gute Schritt-für-Schritt-Anleitung für die Herstellung eines Kugelschreibers boten. Also wollte ich mir entsprechende Bausätze kaufen, um erst mal zu lernen, wie das überhaupt funktioniert. Ich habe mein Material auf einer Webseite bestellt, die mich nicht zufriedengestellt hat. Ich habe viele Teile unwissentlich gekauft, die nicht geeignet für mein Vorhaben waren. Also habe ich das Geld, das ich verdient habe, als ich einen Boden aus einem alten Haus gerissen habe, unnötig ausgegeben. Und das war das Beste, was mir hätte passieren können. Nachdem ich ruhig über die Sache nachgedacht habe, ist mir eine Sache aufgefallen. Wenn ich das nicht kann, na dann geht es anderen vielleicht ähnlich.

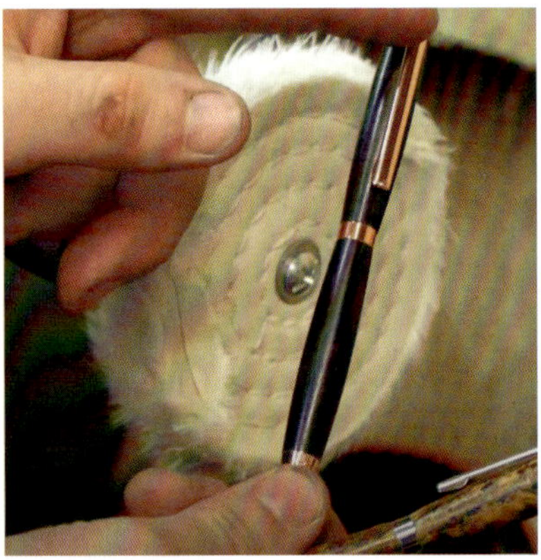 

Und somit wurde die Idee meines eigenen Onlineshops geboren! Hierfür benötigte ich natürlich erst mal entsprechende Ware, die ich mir in den Tiefen des Internets zusammengesucht habe. Das war tatsächlich gar nicht so einfach wie gedacht. Nachdem ich einen passenden Händler gefunden habe, ging es ans Eingemachte. Was benötige ich alles, wenn ich Ware aus einem fremden Land importieren möchte? Was gibt es hier steuerlich zu beachten? Welche Gefahren gibt es? Wo muss ich besonders aufpassen? Also habe ich auch hier wieder Stunden damit verbracht, um das benötigte Wissen mir selbst anzueignen. Eines Tages kam meine erste Lieferung an und ich war völlig aus dem Häuschen! Bis alle Erklärvideos abgedreht waren und meine damalige, noch mehr als spärlich aussehende Webseite fertig war, vergingen natürlich weitere unzählige Stunden. Aber somit habe ich eine weitere Einnahmequelle geschaffen, mit der ich mich über Wasser halten konnte. Ein weiteres Produkt, welches ich nun bereits seit mehreren Jahren anbiete, ist mein eigener Holzschutz. Das ist eine Bienenwachsmischung, mit der ich nun seit mehreren Jahren nahezu all meine Möbel und Projekte behandle. Dieses Produkt und weitere führe ich auch heute noch in meinem Online-Shop.

Das war natürlich alles sehr spannend und viel Arbeit zugleich. Mit der ansteigenden Anzahl an Produkten wurden es natürlich auch mehr Bestellungen, die ich noch sehr lange aus meinem Kinderzimmer verschickt habe. Das hat irgendwann Ausmaße angenommen, dass ich von vielen als verrückt abgestempelt wurde. Mein damaliges Kinderzimmer hat damals 3 wesentliche Zwecke erfüllt. Diese waren zum einen Computer Arbeit. Hier habe ich meine YouTube-Filme vorbereitet, um diese anschließend mit meinen Zuschauern zu teilen.

Danach stand der Versand im Vordergrund. Mein Zimmer war wirklich vom Boden bis zu der Decke mit Produkten vollgestellt. Ich musste um eine lange Kurve gehen, um an meinen Schreibtisch zu gelangen. Auch bin ich damals jeden Morgen pünktlich um 7:30 Uhr zur Post gefahren, um die Bestellungen, auch wenn es nur eine Bestellung war, abzugeben, sodass der Kunde sein Paket rechtzeitig erhält. Der dritte, eher unwichtige Zweck in meinem Kinderzimmer war mein Bett. Ja, zwischen den ganzen Regalen und meiner Rechenstation habe ich geschlafen. Diese gesamte Zeit war wirklich turbulent. Ich habe mein erstes eigenes Geld verdient und hatte Aufgaben, die ich abzuarbeiten hatte. Zum Glück lag meine Werkstatt damals noch im Garten meiner Eltern und ich wohnte noch zu Hause. Aus diesem Grund waren meine Fixkosten relativ gering, sodass ich meinen gesamten Verdienst wieder reinvestieren konnte. Neben vielen mehr oder weniger produktiven Ideen hatte ich in dieser Zeit auch die Idee, parallel zu studieren. Denn Jahre zuvor sah mein Plan ja wie folgt aus: Ich wollte nicht direkt studieren, da ich erst mal genug vom ewigen Lernen wie in der Abiturzeit hatte. Also setzte ich mir als Ziel, nach der Ausbildung und meiner kurzen Zeit als Angestellter endlich mein Studium zu beginnen. Gerade in meiner Anfangszeit war das eine gute Kombination, da meine Versicherungsbeiträge der Krankenkasse somit geringer waren. Und vorab möchte ich sagen, dass ich hier wohl nicht als Beispiel voran gehen kann, was studieren betrifft. Ich dachte tatsächlich, dass ich Kunst studieren kann und hier tolle gestalterische Fertigkeiten erlernen kann. Das ging an unserer regulären Universität jedoch gar nicht. Es gab Institutionen, bei denen das ging. Jedoch hätte man sich hier wieder bewerben müssen und das Studium wäre nicht so frei gewesen, wie an unserer regulären Universität. Die persönliche Zeiteinteilung war mir jedoch sehr wichtig, sodass ich mich an der Universität des Saarlandes eingeschrieben habe. Im Nachhinein kann ich dir nicht mehr genau sagen, warum ich die beiden folgenden Fächer gewählt habe. Denn ich habe mich schlussendlich für Kunst und Geschichte entschieden. Wie bereits erwähnt, war mein Vorgehen hier schon fast peinlich. Tatsächlich habe ich bei einer der ersten Veranstaltungen herausgefunden, dass ich mich für Kunstgeschichte eingetragen habe und wieder etwas komplett anderes gewählt habe, als das, was ich eigentlich machen wollte. Trotzdem bin ich voller Vorfreude in die erste Vorlesung für Kunstgeschichte gegangen und habe den Boden der Tatsachen erneut sehr schnell erreicht. Meinen Professor fand ich irgendwie komisch. Zu Beginn der Vorlesung wurde der Raum komplett abgedunkelt, sodass ich die Mitschrift, die angefertigt werden sollte, nicht einmal selber lesen konnte, da es schlichtweg zu dunkel gewesen ist. Studieren kam für mich in Frage, da hier klar kommuniziert wurde, dass man seine Zeit als Student frei einteilen konnte. Mein Professor hat uns jedoch klipp und klar mitgeteilt, dass man nach 3 Fehltagen durchfallen würde. Nach den letzten Jahren Tortur in denen immer jemanden über mir gestanden hat, wollte ich nicht noch in meinem Studium jemanden haben, der mir sagt, dass ich das nicht könne, weil ich 4-mal nicht anwesend war. Aber auch da habe ich den Kopf nicht hängen lassen, denn die Vorlesung ging ja noch keine 30 Minuten. Ich habe meinen Sitznachbarn zeitgleich gefragt, ob er denn schon seinen Stundenplan erhalten hätte. Dieser starrte mich entgeistert an, denn eigentlich hätte doch jeder die Information bekommen, dass man seinen eigenen Stundenplan selbst gestalten musste. Auch das warf mich erneut aus der Fassung. Bei der Informationsveranstaltung, die ich zuvor extra besucht hatte, bei der ich sogar einer der wenigen war, die überhaupt erschienen sind, wurde dieses Thema erst recht nicht thematisiert. Aber auch das hat mich noch nicht aus der Bahn geworfen. Als unser Professor jedoch mit der Theorie begann und uns erklärte was einen Fund und Befund (Ich habe ja Kunstgeschichte studiert und hier gingen wir in der Geschichte auch einige Jahre zurück) voneinander unterscheidet, war ich komplett raus. Wir sahen einen ausgegrabenen Dachziegel und ein Gebäude. Da man die Dachziegel in die Hände nehmen und quasi mitnehmen konnte, war dies ein Fund. Ein ausgegrabenes Haus konnte man nicht mitnehmen und somit war dies ein Befund.

Als wir anschließend noch gefragt wurden, welche der drei Steinfiguren am ältesten war und woran man das unterscheiden konnte, war für mich klar, dass ich hier nicht mehr erscheinen würde. Die Unterscheidung der einzelnen Figuren sah wie folgt aus. Wir sahen 3 Steinpersonen. Zwei davon waren abgemagert, eine davon hatte so etwas wie Dreadlocks, die andere der beiden hatte glattes Haar. Die dritte Steinfigur sah wie eine durchschnittliche Person aus den 2000ern aus. In den nächsten 2 Minuten habe ich gelernt, dass die abgemagerte Steinfigur mit Dreadlocks am ältesten sein muss, da sie abgemagert ist und das keine Frisur ist, die wir heute noch tragen. Die abgemagerte Steinfigur mit glatten Haaren war am zweitältesten und die normal aussehende Steinfigur war am aktuellsten, da sie ja schließlich so aussieht wie eine normale Person aus den 2000ern. Wirklich? Dafür bin ich morgens zur Uni gefahren; um mir das anzuhören? Nach der Vorlesung habe ich den Raum verlassen und bis auf die eine Uni-Party habe ich die Universität auch nicht mehr von innen gesehen. Aber auch danach habe ich noch einmal versucht, die Informationen, die mich nie zum Thema Stundenplan erreicht haben, zu finden. Aber auch an diesem Tag streikte die Plattform und das dafür vorgesehene E-Mail-Programm und verhinderten mein Vorgehen, wo dies nur möglich war. Tatsächlich hatte ich sogar Hilfe und mir wurde gezeigt, wie der Login vonstattenging. Jedoch war auch dieser Student dermaßen verwundert, warum bei mir gar nichts funktionierte und bei ihm alles wie am Schnürchen lief.

Aber hey, ich hatte ein Ziel im Leben. Und das hieß einmal Student zu sein. Diese Lebenserfahrung kann ich somit abschließen.

Nach diesen ganzen Lebensereignissen habe ich viele sehr wichtige Erkenntnisse für mich gewonnen. Ich wollte eine Tätigkeit ausführen, die mir Spaß bereitet. Hier darf niemand über mir stehen und sagen was ich zu tun habe. Ich möchte ein einfaches, aber ergebnisorientiertes System schaffen, in dem ich mich zurechtfinden kann. Ich möchte an bestehenden Teilen meiner Firma arbeiten, in diesem Fall YouTube und der Onlineshop beziehungsweise der Online-Handel im

Allgemeinen und keinen 10 beiläufigen Tätigkeiten nachgehen. Es ist immer einfach zu sagen, dass man 3 Nebenjobs annimmt, um dann ja sagen zu können. Ich bin selbständig, arbeite jedoch, damit alles funktioniert bei 3 anderen Firmen und erledige die Drecksjobs. Somit habe ich nach all den Jahren der Probezeit angefangen ernster meine Firma zu betrachten. Ab sofort habe ich meine täglich verfügbare Zeit strenger verteidigt. Das bedeutet, dass ich zunächst den Großteil meiner Zeit in YouTube gesteckt habe. Ich habe meine Zeit nicht mehr darin gesteckt, einen Plan B auszuarbeiten, falls Plan A nicht funktioniert. Ich habe aufgehört alles anfangen zu wollen. Jetzt lag meine Arbeit darin YouTube-Videos zu erstellen und meinen Online-Handel nach vorne zu bringen. Also bin ich in dieser Zeit auch keinen Tätigkeiten nachgegangen, die nicht zu YouTube und dem Online-Handel gehört haben. Durch diese Aufteilung hatte ich die Möglichkeit, meinen YouTube-Kanal langsam vorwärts zu bringen und mir ein regelmäßiges Einkommen, der Onlinehandel, einzubringen. Ich stand vor ein paar Jahren an einem Wendepunkt, nachdem ich nach diesem Schema vorgegangen bin. Ich wusste irgendwann nicht mehr, was ich in meiner begrenzten Werkstatt noch umsetzen könnte. Viele Helferlein habe ich gebaut und davon Videos produziert. Auch habe ich viele Möbel gebaut, die ich auch heute noch gerne nutze. Jedoch benötigt alles an einem gewissen Punkt Platz, um wachsen zu können. Natürlich hatte ich schon sehr lange das Bedürfnis nach einer größeren Werkstatt. Jedoch muss sich dies auch lohnen. Wie eben bereits beschrieben, finanziere ich mich größtenteils über den Onlinehandel, den ich damals bereits separat zu meinem YouTube-Kanal aufgebaut habe. Also musste ich mich entscheiden. Soll ich das Risiko eingehen und die finanziellen Strapazen einer größeren Werkstatt eingehen, um bessere Videos für meinen YouTube-Kanal produzieren zu können, der nicht viel Geld abwirft? In meiner Zeit als Angestellter wusste ich bereits, dass ich niemals meinen Urlaub im Sommer nehmen konnte, da Arbeiter mit Familie in dieser Zeit bevorzugt wurden. Das hätte zur Folge gehabt, dass ich niemals mit meiner Partnerin in diese ganzen verschiedenen Länder gereist wäre. Sie hat fest vorgegebene Urlaubstage, weswegen hier nicht viel Spielraum war. Mein Traum war es für mehrere Monate nach Dänemark beziehungsweise an das Nordkapp zu fahren. Diesen Traum galt es nun zu erfüllen oder meine Zeit meiner Firma zu widmen. Ich wusste, dass ich in meinem jetzigen Lebensabschnitt zunächst arbeiten musste, damit ich mir das irgendwann erlauben kann. Also habe ich mich stattdessen für eine neue Werkstatt entschieden. Jedoch habe ich diesen Traum auch heute noch vor Augen. Mir war natürlich bewusst, dass, wenn ich eine Werkstatt miete und dort einziehe, es kein Zurück gibt. Es war sehr kräftezehrend, die ganzen Maschinen aus meiner alten Werkstatt zu räumen, da mehrere Stufen überwunden werden mussten. Also hätte ich im Falle eines Scheiterns keinen Platz mehr gehabt und hätte all meine Maschinen verkaufen müssen. Zum Teil war das auch Werkzeug von meinem Großvater und das bereitete mir wirklich große Angst. Im Nachhinein kann ich sagen, dass ich froh bin, diese Entscheidung getroffen zu haben. Mit YouTube verdiene ich weiterhin nicht genug, als dass dies ausreichen könnte, um die YouTube-Videos weiterhin produzieren zu können. An diesem Ort habe ich jedoch die Möglichkeit an Prototypen zu arbeiten und dazuzulernen. So nutze ich die Werkstatt mittlerweile so, dass ich an diversen Projekten arbeite und hiervon Videos produziere. Bei diesen Arbeiten stoße ich oft auf Punkte, die mich wiederum stören und ich somit oftmals den Grundstein für ein neues Produkt auf meinem Onlineshop lege. Also verdiene ich indirekt Geld mit meiner Werkstatt, da ich hiermit neue Produkte auswähle, die ich im Internet anbiete. Zu dieser Zeit habe ich einen weiteren großen Meilenstein erreicht. Ich habe den Versand von meinem Onlinehandel ausgelagert. Das bedeutet, dass ich mich hier komplett entkoppelt habe. Falls nun eine Bestellung bei mir eingeht, wird diese bearbeitet, ohne dass ich anwesend sein muss. Ich habe hier mittlerweile ein wirklich tolles und souveränes Team in Mönchengladbach, welches sich um alle meine Bestellungen kümmert. Allein der Gedanke, dass ich mich um das Organisatorische kümmern kann und die Bestellung jeden Tag anschließend ausgeführt werden, war für mich ein Quantensprung. Dies brachte mich meinem Traum einer funktionierenden Firma mit einfachen Systemen erneut ein Stück näher. Langsam sind wir bei meiner aktuellen Gegenwart angekommen. Meine Firma funktioniert weiterhin, meine Werkstatt existiert noch und mein Onlinehandel ebenfalls. Im Moment arbeite ich an meinen ersten, eigenen Drechselkursen. Diese Idee hatte ich ebenfalls bereits vor mehreren Jahren und habe nun die Möglichkeit diese umzusetzen. Ich liebe alte Maschinen. Das wird man auch schnell erkennen, wenn man in meine Werkstatt tritt. Diese platzt nämlich bereits aus allen Nähten. Genauso wie ich es toll und inspirierend finde. Ich arbeite derzeit an meinen Metallbau-Fertigkeiten und habe in dieser Werkstatt bereits ein mobiles Sägewerk gebaut. Ich habe meine erste, wirklich kostenintensive Weiterbildung erworben, damit mein Onlinehandel auch in Zukunft funktioniert.

Unterm Strich kann ich sagen, dass ich glücklicher denn je bin. Ich bin so unglaublich dankbar, dass ich die vielen Dinge erleben musste, die mich extrem unglücklich gemacht haben. Denn erst so konnte ich herausfinden, was mich wirklich glücklich macht. Mein jetziger Plan sieht wie folgt aus. Ich möchte weiter an meinem YouTube-Kanal und an meinem Online-Handel arbeiten. Dies beinhaltet weiterhin meine beiden Kernaufgaben. Jedoch ergänze ich derzeit weitere Punkte, um meine Firma stetig nach vorne zu bringen. Das sind zum Beispiel meine Drechselkurse. Ich habe noch viele Ideen, die ich in der Zukunft umsetzen möchte und auch werde. Wenn du möchtest, kannst du mich auf meinem YouTube-Kanal begleiten. Hier werde ich auch in Zukunft aktiv sein und Videos veröffentlichen. Mein derzeit größter Traum ist eine eigene Werkstatt. Ich möchte eine noch größere Werkstatt mein Eigen nennen können, in der ich noch verrücktere Dinge umsetzen kann. Ob das funktionieren wird, kann ich dir heute natürlich noch nicht sagen. Dennoch halte ich dieses Ziel weiterhin fest vor Augen und arbeite stetig und wie besessen daran.

Arbeit nach Hause kommst, dich den restlichen Abend vor deinen Fernseher setzt und die Zeit so verstreuen lässt. Du wirst dich dabei nicht erholen und Kräfte für den nächsten Tag sammeln. Verbringst du jedoch Zeit in deiner Werkstatt oder deinem Werk-Raum, so bist du produktiv und kannst endlich effektiv abschalten.

Ein gleiches Gesprächsthema ist schon toll, oder? Tatsächlich weiß ich, dass wenn ich Besuch von Drechselschülern oder Zuschauern bekomme, dass ich auf die Uhr schauen muss, damit ich nicht stundenlang in tiefe Gespräche zum Heimwerken und die dazugehörigen Themen verfalle. Sehr oft habe ich hier gleichgesinnte getroffen und mich stundenlang über die verschiedensten Themen im Holzhandwerk besprochen. Wo kaufst du dein Holz, kennst du diese Tischkreissäge, hast du schon mal Holz gehobelt, wie reinigst du deine Werkstatt und viele weiteren Themen habe ich schon diverse Male mit Freunden, Zuschauern und Kursteilnehmern besprochen. Mir ist es wichtig zu sagen, dass ich hier Wert darauf lege, dass niemand mit seinem Eigentum (Maschinen) oder seinen Fertigkeiten prahlt. Somit sage ich nicht, dass alles andere schlecht ist, weil ich nun einen Langbandschleifer habe und man hiermit alles viel schneller und effektiver schleifen kann. In meinen Augen ist das eine tolle und günstige Maschine, die zwar sehr sperrig ist, es aber auch genauso beeindruckend ist, wie schnell sie Holz schleifen kann. Das Profilieren der eigenen Habseligkeiten hat mir noch nie gefallen. Aus diesem Grund vermeide ich es auch mit großen Besitztümern in der Holzbearbeitung oder allgemein zu „prahlen". Das sind für mich alles Dinge, die ich liebe, da sie einzigartig, alt und produktiv sind. Außerdem habe ich riesigen Spaß an dieser Technik, weswegen ich diese auch nutze.

So habe ich mich mit diversen tollen Menschen zum Beispiel auch schon über das Thema Hobelmaschine unterhalten. Meine erste Hobelmaschine habe ich von meinem Großvater vererbt bekommen. Diese war sehr klein, günstig und somit ideal für alle Heimwerker, die wenig Platz haben. Hier habe ich oftmals den Vergleich gebracht, dass das fast schon die beste Hobelmaschine war, die ich besessen habe.

Leicht, klein und praktisch. Nun wiegen die Maschinen mehrere hundert Kilo, vieles ist komplizierter, wie die Stromversorgung, und die Gefahr ist auch um einiges höher.

So wirst auch du in Zukunft tolle Gesprächsthemen finden, weil du vielleicht ein neues Material für dich entdeckt hast und dieses für die Projekte X, Y und Z eingesetzt hast. Das ist wirklich eine tolle und sympathische Sache! Natürlich wirst du auch auf Projekte stoßen, die sich unterm Strich nicht lohnen werde. Vielleicht ertappst du dich dabei, dass du ein gewisses Problem eliminieren möchtest. So ist es oftmals bei mir. Ich plane alles durch und merke, bei der Planung, dass es hier keinen Sinn macht das Projekt umzusetzen. So ist dieser Fall natürlich auch vollkommen legitim. Es ist nur wichtig, dass du für dich differenzierst, ob du etwas tust, weil du es gerne tust, oder ob du etwas erledigen möchtest, damit du an deinem eigentlichen Hobby weiter machen kannst. So arbeite ich derzeit zum Beispiel an einem großen Absaugsystem. Hierfür habe ich mir extra ein gigantisches Gebläse gekauft, um mir ein Absaugsystem selber bauen zu können. Hier ging es primär nicht um die Materialkosten. Ich wollte ja schließlich etwas dazu lernen und ein tolles Gesprächsthema für die Zukunft schaffen. Jedoch habe ich bei den ersten Planungsarbeiten gemerkt, dass ich dieses Projekt nur umsetzen möchte, um an meinen eigentlichen Projekten weiterzuarbeiten. So ist es natürlich auch bei dir okay zu sagen, dass es in deinem Fall mehr Sinn macht, eine Lösung käuflich zu erwerben, um an deinem Projekt weiter arbeiten zu können.

Wo findest du Inspiration für deine Projekte

Du möchtest nun bestimmt wissen, welche Maschinen du für dein Vorhaben benötigen wirst und wie teuer das ganze wird. Hier möchte ich jedoch einen Schritt vor dein eigentliches Projekt springen. Denn natürlich musst du erst mal wissen, was du überhaupt baust. Hier ist es natürlich von Vorteil, wenn du schon eine erste Problemecke verbessern und dein erstes Projekt hiermit starten möchtest. Das ist auch eine tolle Herangehensweise. Jedoch weiß ich aus eigener Erfahrung, dass man oftmals zu eingefahren ist und es auch manchmal die simplen Projekte sind, die maximale Entspannung und Freude bringen. Außerdem ist auch manchmal alles einfach gut, so wie es ist. Ich habe in den letzten Jahren unzählige Projekte gebaut. Hier habe ich oftmals in meinen 4 Wänden nachgesehen, was ich verbessern kann. An einem gewissen Punkt musst du deinen Horizont auch einfach ein wenig erweitern, um Spaß an neuen Projekten zu finden.

Also schauen wir uns die erste, bereits mehrfach angesprochene Methode an, die dir Projektideen verschaffen wird.

Schau dich also in deiner Wohnung, deiner Garage oder deinem Keller um. Was stört dich hier? Vielleicht hast du diverse Kleinteile, die du gerne in einer schicken Kiste unterbringen möchtest. Hier könntest du eine stapelbare Kiste bauen. Achte aber nicht nur auf die praktisch umsetzbaren Dinge. Vielleicht magst auch du Pflanzen. Wenn du hier viele gleiche Blumentöpfe hast, könntest du vielleicht aus einem großen Baumstumpf eine tolle Hülle für deine Pflanzen schnitzen. Schau dir einfach dein Umfeld an. Du bist ja schließlich ein Heimwerker. Das bedeutet, dass du dein Umfeld so gestalten kannst, sodass du dich wohl fühlst. Kaufbare Standardlösungen sind für dich kein Muss, da du ja aus verschiedenen Materialien dein Ideal selber schaffen kannst.

Als nächsten Schritt empfehle ich äußerst gerne die Plattform „Pinterest“. Hier durchstöbere ich sehr gerne bei kreativen Engpässen alle möglichen Themen. Pinterest funktioniert so, dass du grobe und genaue Begriffe suchen kannst und dir anschließend entsprechend Projekte oder Ideen vorgeschlagen werden. So habe ich mir selbst verschiedene Kategorien erstellt, in die ich regelmäßig neue Projekte vermerke, um bei einem kreativen Engpass neue Projekte bereits vor Augen zu haben.

So habe ich verschiedene Ordner in die ich zum Beispiel Projekte zu den folgenden Themen vermerke: Kunst, Metallprojekte, Möbelprojekte, Organisationsprojekte, Drechseln und viele mehr.

Ich habe mir Inspiration auf Pinterest für einen Badschrank gesucht. In meiner Wohnung hatte ich vorher keine schicke Möglichkeit um die Wäsche organisiert verschwinden zu lassen. Also habe ich aus dem vermerkten Projekt einzelne Aspekte herausgesucht, die mir gefallen haben. Ich wollte 3 Wäschekörbe verstauen können. Diese sollten aber in einer richtigen Schubladenführung laufen. Schön sollte das ganze natürlich auch werden, weswegen ich mich in diesem Fall für Eichenholz mit 3 separaten Fächern entschieden habe. Bei diesem

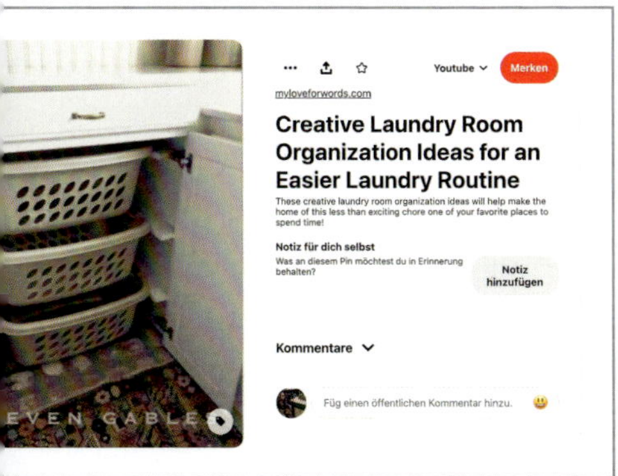

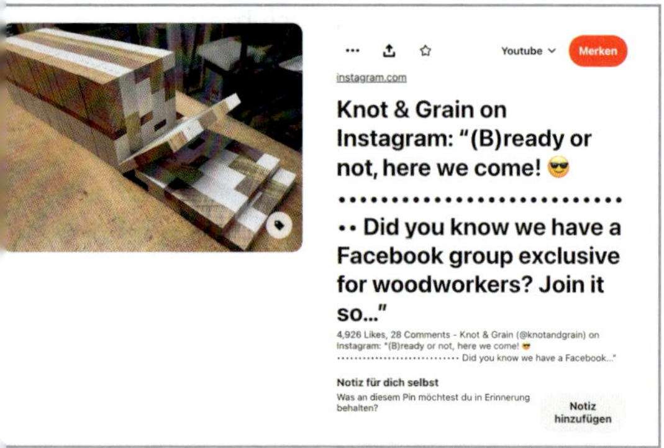

Projekt habe ich so einiges gelernt. Gerade was die Verleimung von Korpussen angeht, hat dieses Projekt mich enorm weitergebracht.

Diese tollen Untersetzer habe ich außerdem auf Pinterest entdeckt. Dieses simple Abbild des Projekts hat mich total fasziniert. Gerade solche kleinen Streifen fallen in Form von Reststücken öfters in vielen Werkstätten an. Also habe ich einige zusammengesucht und mir selber einen Holzrohling zusammengeleimt, um anschließend Untersetzer für meine ganze Familie herstellen zu können. Hier hat mich die Technik ungemein fasziniert und der Bau hat extrem viel Spaß gemacht.

An dieses Beispiel erinnere ich mich auch heute noch sehr gerne. Die Form und gerade der Weg der Herstellung haben mich bei dem bloßen Anblick bereits fasziniert. Wie stellt man das ganze her. Kann

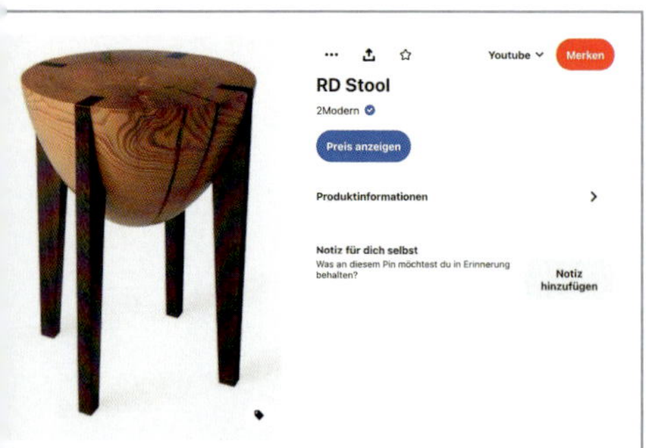

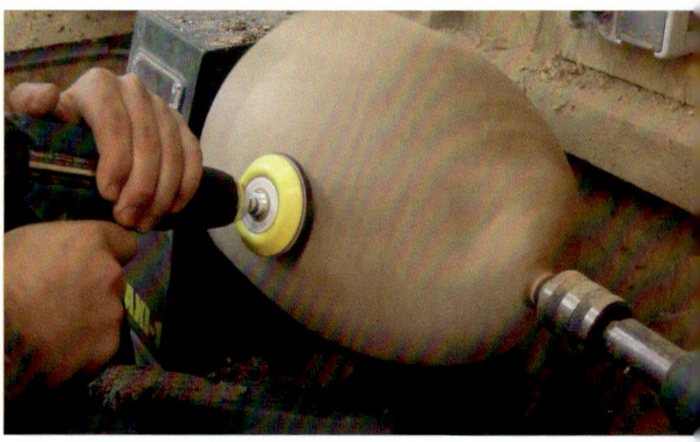

ich dieses große Werkstück ohne Probleme drechseln, lassen sich die Beine ebenfalls passgenau einsetzen. All das waren Punkte, die mir bei dem bloßen Gedanken bereits Freude bereitet haben. Also habe ich aus der vermerkten Vorgabe meinen eigenen Hocker gebaut.

Den runden Teil des Hockers habe ich aus verschiedenen exotischen Hölzern verleimt und den Rohling im Anschluss auf meiner Drechselbank rund gedrechselt. Die 4 Füße habe ich im Nachhinein eingeleimt. Auch heute noch nutze ich diesen Hocker sehr gerne. Zwar nicht als Sitzhocker, sondern eher als Pflanzenständer. Gerade die Kombination zwischen Pflanzen und hölzernen Möbeln gefällt mir extrem gut. Dieses Bild entstand übrigens noch in meiner alten Werkstatt bei meinen Eltern im Garten. Ziemlich klein, unaufgeräumt und unorganisiert, was nicht bedeuten soll, dass ich dieses Problem bis heute vollkommen gelöst hätte :-)

Ich finde es vollkommen legitim, sich Inspiration von anderen Projekten zu sammeln. Es gibt viele verschiedene Facetten von Projekten, bei denen oftmals nur ein gewisser Punkt in die eigene Arbeit mit einfließt. Außerdem bin ich der festen Überzeugung, dass man vieles sowieso nicht neu erfinden kann. Ich stoße immer wieder bei meinen Projektrecherchen auf Mechaniken oder Techniken, bei denen ich

niemals geglaubt hätte, dass jemand vor mir bereits dieses Thema auf YouTube behandelt hat. Deswegen finde ich es vollkommen legitim, sich Inspiration von Erbauern zu sammeln. Ich finde, dass gerade das zeigt, dass ein bereits bestehendes Projekt ein absoluter Erfolg war, wenn man jemanden dazu motivieren kann, dieses auch wenn nur in abgeänderter Form nachzubauen. Ich bin zum jetzigen Zeitpunkt schon seit Monaten auf der Suche nach einer kostengünstigen Lösung, um meine ganzen Hobelspäne verwerten zu können. Hier habe ich zunächst reguläre Brikettpressen gefunden. Diese pressen mittels Hydraulikzylinder die Späne zu einem festen runden Ballen, den man anschließend verbrennen kann, um somit Wärme in einem Holzofen oder anderen Brennern zu erzeugen. Da ich mich im Moment noch nicht an selbstgebastelte Hydrauliksysteme traue, habe ich die Tasten geschwungen, um Alternativen zu finden. Hier bin ich zunächst auf eine Brikettpresse gestoßen, die mittels liegenden Brennholzspaltern funktioniert. Hier erzeugt der eigentliche Holzspalter die Presskraft, um die Späne zu verdichten. Da ich mich aber auch zum jetzigen Zeitpunkt an keine selbst gebauten Elektro-Anlagen traue, welche den Automatismus der Presse steuern würden, fällt auch diese Möglichkeit weg. Der Hydraulikzylinder muss automatisch aus- und einfahren, damit die große Menge an Hobelspänen auch gepresst werden kann. Die Maschine hier manuell zu betätigen, fällt für mich weg, da dieses System dann nicht mehr kostengünstig wäre, da ich viel Zeit aufbringen müsste, um jedes Mal den Hebel zu betätigen, um ein Brikett zu pressen. Also habe ich weiter recherchiert und bin auf eine weitere tolle Selbstbau Lösung gestoßen. Hier wird der Aus- und Einfahrzyklus mechanisch mittels Federn gesteuert. Das Ganze sieht somit ziemlich abgefahren aus. Jedoch wäre die spätere Maschine ziemlich breit, weswegen ich dieses System derzeit schlecht in meine Werkstatt integrieren könnte. Tatsächlich habe ich an diesem Moment einen Selbstbau schon komplett ausgeschlossen. Jedoch bin ich ein paar Wochen später durch Zufall auf ein alternatives System gestoßen. Diese Presse funktioniert ähnlich wie eine Ölpresse, die auch aus Sonnenblumen das Öl presst. Hier wird die Spannkraft mittels Trapezgewinde erzeugt, um später Briketts herzustellen.

Ich möchte dir mit diesem einfachen Beispiel nur noch mal verdeutlichen, dass es viele Mechaniken, Projekte und Herangehensweisen gibt, die du und ich wahrscheinlich nicht kennen. Deswegen finde ich das „Kopieren" von bestehenden Projekten nicht schlecht. Es geht ja schließlich darum, dass du dir selbst eine schöne Zeit verschaffen kannst und handwerklich aktiv wirst.

Möbelhäuser als Kreativquelle

Wenn du ungerne alles am Computer erledigen möchtest, wird der folgende Weg garantiert nicht nur dir Spaß bereiten. In der Vergangenheit bin ich bereits diverse Male mit meiner Familie oder speziell meiner Mutter in Möbelhäuser gegangen. Das hat nicht nur mir, sondern auch meinen Begleitern gefallen. Wenn du an einem Wochenende gerne bummeln gehst, kannst du dies gleichzeitig mit einem Besuch in deinem nächsten Möbelhaus verbinden. Hier kannst du dir fertige Möbel in Masse ansehen. Hier wirst du viele verschiedene Themenbereiche wie Organisation, Küche, Keller und vieles mehr vorfinden. Achte unbedingt auf die Kleinigkeiten. Öffne aus diesem Grund auch gerne die unscheinbarsten Schubladen. Oftmals findest du dort tolle Organisationsmöglichkeiten, wie zum Beispiel eine schmale Schublade, die sich in einer großen Schublade oberhalb verschieben lässt, um Kleinigkeiten zu verstauen. Diese Methode habe ich sehr gerne angewendet, als ich noch jünger war. Zu dem damaligen Zeitpunkt kannte ich Pinterest und die anderen Möglichkeiten noch nicht, die ich dir gleich nennen werde. Gerade in der heutigen Zeit ist das Thema Heimwerken in aller Munde und deswegen ist die Versorgung an neuen Projektideen definitiv an vielen Orten gegeben.

Wenn immer ich mit meinem VW-Bus andere Länder wie Frankreich, Portugal oder Kroatien besucht habe, habe ich auch dort gezielt

Ausschau nach Lösungen für die dortige Umgebung gesucht. Oftmals bieten andere Länder andere Lösungen für bestehende Probleme. So bestand das Küchenregal der Außenküche, die ich mit genutzt habe, als ich in Griechenland war, aus einem alten Stück Treibholz, welches mit Seilern an der Decke befestigt war. Hierauf stand ein antiker Käseschrank, in dem die Gläser und Teller eingeräumt waren. Ich habe meine dortigen Freunde gefragt, was das für ein seltsamer Schrank sei. Denn offensichtlich wurden er hierfür vor mehreren Jahrzehnten nicht gebaut. Der Käseschrank bestand aus einem reinen Holzgestell. Die Wände bestanden aus feinem Netz. In diesen Kasten waren mehrere Regalböden verbaut. Ich wurde aufgeklärt, dass das ein alter Käseschrank sei. Das feine Netz um den Kasten sorgte dafür, dass Luft an die darin gelagerten Lebensmittel gelangt. Gleichzeitig verhinderte dieses besagte Netz, dass Nagetiere und andere Tiere die Lebensmittel erreichten.

Am besten übst du diese Technik, indem du dir einfach die Gegenstände, die du in Zukunft siehst, einfach ein Stück weit genauer ansiehst und nachhakst, wenn eine Funktion nicht direkt ersichtlich ist. Somit weitest du deinen Horizont, denn oftmals sind es die unscheinbaren Dinge, auf die du bei deinen Projekten am liebsten hinweist, da die Kombination in deinem Projekt vielleicht ziemlich unüblich ist. Eventuell hast du ein altes Brett einer alten Scheune und hast dieses in deiner Wohnung oder in einem Projekt verbaut. Das macht deine Arbeit einzigartig, bringt Spaß und eine tolle Erinnerung für die Zukunft an die vollbrachte Arbeit.

Instagram und Facebook

Nun kommen wir zu Dingen, die mit Bedacht zu genießen sind. Plattformen wie Instagram, Facebook und Co. sind gerade dafür ausgelegt, dich vom Heimwerken abzuhalten, da sie dich ja schließlich gezielt an die jeweilige Plattform binden möchten. Wer kennt es schließlich nicht: Man befindet sich bei Instagram in der Timeline und man scrollt, scrollt, scrollt... Oftmals habe ich mich selbst schon dabei ertappt, dass ich die letzten 30 Minuten damit verbracht habe, die Zeit einfach so verfliegen zu lassen. Genau aus diesem Grund lösche ich alle paar Monate rigoros Abonnements, um die wesentlichen Dinge bei Instagram angezeigt zu bekommen. Denn diese Plattform kannst du auch gezielt für dich und nicht gegen dich nutzen. Hier kannst du zunächst Creatorn folgen, die ähnliches machen, wie du es gerne tun würdest. Möchtest du vielleicht ein Waschbecken aus Beton gießen oder generell mehr mit Beton arbeiten, um daraus Skulpturen oder Projekte zu erschaffen? Dann suche einfach nach Hashtags bei Instagram mit deinem Interesse. Du kannst zum Beispiel nach dem einfachen Begriff „#betondeko" suchen. Hier wirst du mehrere 10-tausend Bilder von Projekten finden, die dich vielleicht interessieren könnten. Ich empfehle dir aus diesem Grund Creatorn aus den Bereichen, die dich interessieren, zu folgen, um in deiner Timeline Dinge angezeigt zu bekommen, die dich nicht nur die Zeit vergessen lassen, sondern dich wirklich inspirieren können. Zusätzlich hast du bei Instagram die Möglichkeit, einzelne Bilder und somit Projekte abzuspeichern. So kannst du bei deiner Handynutzung und dem damit verbundenen Instagram Konsum jederzeit Projekte, die dir gefallen oder einzelne Aspekte eines Projekts abspeichern, um bei Bedarf hierauf zurückzugreifen. Diese Möglichkeit nutze ich persönlich derzeit nicht so intensiv, aber dennoch speichere ich die Projekte ab, die mir gefallen. Es ist immer toll nach vielleicht 2 Jahren in eine solche Projekt Bibliothek zu blicken. Hier werden dann alte Interessen oder Trends wieder einfach und schnell ersichtlich. Gleichzeit kannst du diese einzelnen Projekte beziehungsweise Bilder anklicken und erneut weiter runter scrollen. Hier werden dir dann ähnliche und oftmals weitere spannende Projekte und Themen angezeigt.

Zeitschriften

Gerade wenn es um speziellere Themen geht, sind eventuell Zeitschriften von Vorteil. Lange war ich nicht mehr so von der Drechslerei fasziniert, weil ich folgendes gemacht habe: Ich habe angefangen, Holzschalen zu drechseln. Aber nicht nur eine. Ich habe hunderte Schalen in den verschiedensten Ausführungen hergestellt. Manchmal war es reguläres Lindenholz, dafür aber ganz schön groß, danach wollte ich mal wieder eine Schale mit natürlicher Waldkante drechseln, so eine hölzerne Schale aus verschiedenen Holzsorten als Waschbecken für meinen Camper wäre cool? Also habe ich auch diese Schale gedrechselt. Manchmal habe ich auch einfach nur viele Schalenrohlinge zugeschnitten, diese gestapelt, um mir die fertigen Schalen einfach vorstellen zu können. Danach wollte ich weiter Materialien wie OSB oder Multiplex ausprobieren. Gesagt getan, ich habe auch diese Holzschalen gedrechselt. Eines Tages bekam ich einen Anruf von meinem Förster

des Vertrauens. Ein großer Baum war wegen eines starken Sturms gefallen und versperrte anschließend die Waldzufuhr. Weil ich nicht genau wusste, was ich mit dem Holz machen sollte, habe ich einfach den

gesamten Stamm zu Schalenrohlingen geschnitten, die ich anschließend nass vorgedrechselt habe.

Ja ich habe wirklich einen ganzen Baum regelrecht verdrechselt. Damit aber nicht genug. Dieser Baum musste natürlich erst mal in meine

Werkstatt getragen werden. Das war wirklich keine einfache Aufgabe, da ich das gesamte Holz mit Hilfe meines Vaters durch unser Haus getragen habe. Unmengen an Drechselspänen, die bei den darauffolgenden Arbeiten entstanden sind, mussten anschließend natürlich erneut durch das Haus getragen werden, damit sie schlussendlich entsorgt werden können. Auch heute noch liegen in meiner alten Werkstatt unzählige vorgedrechselte Schalen, die nur noch darauf warten, fertiggestellt zu werden. Aus diesem Grund empfehle ich dir, falls du dich für ein Themengebiet interessierst, über das man im Internet schwierig Inspiration findet, dich nach Fachzeitschriften umzusehen. Ich erhalte auch heute noch regelmäßig Zeitschriften zu dem Thema drechseln. Diese erweitern meinen persönlichen Horizont und zeigen mir, was es noch in der Drechslerei zu entdecken gibt. Gerade bei Fachzeitschriften sitzt oftmals ein kleines Team dahinter und hält dich hier auf dem Laufenden. Oftmals kosten diese Zeitschriften zwar Geld, jedoch musst du dich dann nicht um die Recherche kümmern.

YouTube und Google

Vielleicht hast du schon ein spezielles Projekt vor Augen, das du umsetzen möchtest. Dann kann ich dir YouTube und Google wärmstens empfehlen. Du weißt nicht, wie die Herangehensweise bei zum Beispiel dem Bau einer Trockenwand aussieht? Dann schau doch einfach mal auf YouTube nach. Erst kürzlich habe ich mir zu dem Thema Schallisolierung in Innenräumen passende Informationen auf YouTube angesehen. Der YouTube-Algorithmus ist mittlerweile so ausgereift, dass auch diese Plattform dich maximal an sich binden kann. Das bedeutet, wenn du auf YouTube gehst, um Inspiration zu suchen, wirst du oftmals von vielen anderen Themen abgelenkt, die dich vielleicht ebenfalls unterhalten, aber nicht bei deinem eigentlichen Ziel weiterbringen. Natürlich kannst du dich auch ganz bei Google bedienen. Du möchtest wissen, wie man ein Fenster richtig einbaut? Dann google es doch einfach. Auch hier wirst du garantiert eine passende Schritt-für-Schritt-Anleitung vorfinden. Wahrscheinlich wirst du auch auf YouTube entsprechende Inspiration finden. Jedoch finde ich die anderen, genannten Möglichkeiten auf Dauer effektiver, wenn du noch gar nicht weißt, was du bauen sollst. Ich persönlich lege oft Wert darauf, alternative Baumöglichkeiten in meinen Videos zu benennen. Denn wenn du vielleicht anderes oder weniger Werkzeug besitzt, kann dies die eigene Produktivität ebenfalls einschränken, weil der Zeigende ja mehr und eventuell besseres Werkzeug verwendet. Hier bremst man sich oft selbst aus, da man das gezeigte ja gar nicht nachbauen kann, weil man eben das gezeigte Werkzeug nicht besitzt. Aber auch das wird in den meisten Fällen eine Ausrede sein. Hier könntest du dich dann entsprechend informieren, welche alternativen Möglichkeiten es gibt, um zum Beispiel Plattenmaterial zuzuschneiden. Wenn du die einzelnen Problemstellen für dich persönlich erkannt hast, kannst du nämlich anschließend diese Fragestellungen auf YouTube recherchieren und wirst dann oftmals passende Erklärvideos vorfinden.

Wo findest du passendes Material für deine Arbeiten?

Problem erkannt, Problem gebannt. Aber aus welchem Material? Vor diesem Problem stand ich oftmals als ich noch jünger war. Gerade in der heutigen Zeit, in der Materialpreise viel mehr kosten als noch vor 2 Jahren, ist das eine berechtigte Frage. Im Folgenden werde ich dir Tipps geben, welches Material für dich in Frage kommen könnte. Außerdem werde ich dir Hinweise aufzählen, wo du vielleicht kostenloses Material herbekommst.

Baumarkt

Ab geht es mit einem Euro in den Baumarkt, um dann den größten Einkaufswagen, der zur Verfügung steht zu schnappen, um diesen dann bis oben hin zu füllen. Und genau so habe ich viele Einkäufe getätigt. In einem Baumarkt findest du die verschiedensten Materialien von Holz, Metall, Sanitär, Lacke, Außenbereich und vieles mehr. Jedoch gibt es auch hier einige Tücken, die es zu vermeiden gibt. Einen großen Vorteil hat der Baumarkt natürlich. Und zwar ist das die Verfügbarkeit. Du kannst erstmal eine kleine Menge an Material kaufen und bei Bedarf einfach zurückkehren und das fehlende Material nachkaufen. Sofern du keine wirklich speziellen Bauvorhaben unternehmen möchtest, wirst du hier auch in den meisten Fällen fündig. Jedoch gibt es gerade in der Holz- und Metallecke etwas zu beachten. Denn gerade bei dem Holz oder Metall ist es so, dass man mehr

Material benötigt und dieses auch für weitere Projekte gut nutzen kann. Wenn du zum Beispiel ein kleines Projekt aus Multiplex bauen möchtest, kannst du dir entsprechend viel auf die richtige Größe zuschneiden lassen. Jedoch ist gerade dieses und andere Materialien extrem viel teurer als im Fachhandel. Also überlege dir zunächst, ob du wirklich nur dieses eine Projekt umsetzen möchtest oder du zum Beispiel in Zukunft öfters planst dieses Material zu verwenden. Im Heimwerker Bereich gibt es ein Material, welches sehr häufig verwendet wird. Das ist zum einen OSB und Multiplex. Gerade beim Multiplex unterscheidet man zwischen großen und kleinen Platten. Diese erhältst du beide im Fachmarkt. Die kleinen Platten sind 1,25 Meter x 2,5 Meter groß und die größeren Platten sind 3 Meter x 1,5 Meter groß. Du entscheidest dich, in Zukunft öfters mit diesem Material zu arbeiten? Dann solltest du dir überlegen bei einem Holzgroßhändler nachzufragen, welchen Preis dieser für eine komplette kleine Multiplex Platte aufruft. Du wirst dich wahrscheinlich fast schon erschrecken. Denn genauso ging es mir, als ich diesen Preis zum ersten Mal erfahren habe. Denn dieser ist deutlich günstiger als in allen gängigen Baumärkten. Multiplex ist ein Plattenwerkstoff, welcher aus mehreren Lagen Holz besteht. Diese ermöglichen eine ideale Bearbeitung, sind sehr stabil und die Optik ist sehr schön. Hieraus wirst du auch erste Möbel bauen können. Gerade aus diesem Grund findet dieses Material großen Gefallen in der Heimwerkerszene.

Das teurere Baumarkt Plattenmaterial kommt oftmals dann in Frage, wenn man den Zuschnitt selbst nicht erledigen möchte. Denn der große Vorteil ist hier, dass du in den Baumarkt gehen kannst, deine Maße dem dortigen Mitarbeiter vorlegst und du alles entsprechend zugeschnitten bekommst. Bevor ich diese besseren Bezugsquellen nicht gekannt habe, bin ich oftmals in den Baumarkt gefahren und habe mir viele 1 x 1 Meter Stücke an Plattenmaterial zuschneiden lassen, welche ich später in meiner eigenen Werkstatt weiterverarbeitet habe. Denn oftmals bezahlst du bei diesem Material einfach einen teureren m^2 Preis. Hier sind jedoch die Kosten der Person, die dein Material zuschneidet, bereits mitinbegriffen. Also merke dir folgendes: Möchtest du eine kleine Auswahl an fertig zugeschnittenem Plattenwerkstoff, so ist der Baumarkt zu empfehlen, da du nach deinem Baumarktbesuch wahrscheinlich alle Plattenwerkstoffe fertig zugeschnitten haben wirst, die du zu Hause nur noch schleifen, zusammenschrauben und lackieren musst. Ist dein Ziel jedoch alle Schnitte selber zuhause durchzuführen, so ist es ratsam, dich in einem Fachmarkt zu erkundigen. Aber auch hierzu habe ich gleich noch ein paar wertvolle Tipps für dich.

Gleiches gilt übrigens auch bei dem Rohstoff Metall. Möchtest du etwas aus Metall bauen, oder musst hier ein passendes Stück Stahl verbauen, um bessere Stabilität zu erzielen, so solltest du dir überlegen, ob du in Zukunft mehr Material benötigen wirst. Massivere und größere Stahlarbeiten zähle ich nicht mehr ganz zum Heimwerken, da oftmals andere Voraussetzungen gegeben sein sollten. Das bedeutet, dass du entsprechendes Werkzeug benötigst und mehr Vorwissen mitbringen solltest als in der Holzbearbeitung. Ich möchte hier nichts verallgemeinern, jedoch sind die grundsätzlichen Gefahren und Schwierigkeiten bei der Metallbearbeitung einfach ein wenig höher. Du musst das Material zuschneiden können. Oftmals wird dies bei fehlendem Werkzeug mit einem Winkelschleifer erledigt. Das erzeugt viele Funken, die bereits hier eine größere Gefahr als Holzspäne darstellen, da diese sehr gefährlich sein können, falls sie in dein Auge geraten. Dazu besteht bei der Metallbearbeitung auch ein größeres Brandrisiko, da es bei vielen Arbeiten, wie beim Schweißen oder Schneiden, heiß her geht. Die Gefahr einer brechenden Trennscheibe beim Zuschnitt noch nicht mal erwähnt.

Entscheidest du dich trotzdem dazu, eine Konstruktion mit Metall zu gestalten, so solltest du außerdem wissen, dass dieses Material oft als 6 Meter lange Ware zu dir nach Hause geliefert wird, solltest du dein Material von einem Fachmarkt beziehen. Du wohnst vielleicht bei deinen Eltern, in einer Stadt oder hast einen eher unzugänglichen Werkraum, so solltest du dir dieser Tatsache vor dem Stahlkauf bewusst sein. Vor ein paar Wochen habe ich eine neue Stahl Lieferung in meine Werkstatt bekommen. Leider ist ein Fahrer ausgefallen und somit wurde mein Material nicht mit dem kleinen LKW geliefert, sondern mit dem größten, den sie an diesem Tag hatten. Hier war allein die Ladefläche von dem LKW 12 Meter lang, dazu kam ein Stahlrohr, welches dazu noch einen guten Meter über die Ladefläche gestanden hatte. Natürlich muss dieses Gespann auch gezogen werden. Also kam die Länge der Zugmaschine hier noch dazu. Das Abladen war ziemlich spaßig, da die Straße, in der meine Werkstatt liegt, danach fast nicht mehr passierbar war. Aber auch das sind die Punkte beim Handwerken oder Heimwerken, die nicht direkt, aber nach der erledigten Arbeit ein gewisses Schmunzeln auf die Backen bringt.

Der Fachhandel

Du entscheidest dich, in Zukunft mehr mit Multiplex zu arbeiten? Herzlichen Glückwunsch. Das ist ein wirklich tolles Material, mit dem du in Zukunft die verschiedensten Dinge bauen kannst. Du kannst die Oberfläche – und – anschließend ölen, oder mit einem matten Lack lackieren. Das sieht sehr edel aus, da die Multiplexoberfläche einfach schön ist. Dieses Material ist aber auch ideal, wenn du anschließend bunte Farbe aufbringen möchtest. Wenn du an einem Projekt arbeitest, bei dem die Holzoptik nicht entscheidend ist, so wird auch in diesem Fall Multiplex in den meisten Fällen die beste Wahl sein, da du dieses Material auch gut mit einfachem Werkzeug bearbeiten kannst. Die fertig lackierte Oberfläche sieht sehr gleichmäßig aus, da gutes Multiplex wenige Holzfehler aufweist und sehr formstabil ist. Soll es in Zukunft mal ein kleiner Helferlein für die Werkstatt sein? Dann wird auch hier Multiplex eine sehr gute Wahl sein. Denn auch unbehandelt ist die Oberfläche sehr widerstandsfähig und einfach schick.

Ich habe eben schon die beiden Größen der Holzplatten angesprochen. Mit einer kleinen Platte kannst du schon sehr viel anfangen. Wie sieht der Holzkauf im Großhandel denn jetzt eigentlich aus? Hier wirst du, was den Rohstoff Holz angeht, bestens beraten sein, denn wie es der Name bereits sagt, ist dies ein Fach- beziehungsweise Großhändler. Holz ist deren Geschäft und somit ist das eine der besten Anlaufstellen, was dein Rohmaterial angeht.

Es gibt einen einfachen Qualitätsunterschied, den du beim nächsten Baumarkt Besuch selber überprüfen kannst. Und zwar sind das Terrassen-Dielen. Das sind die Bretter, die auf den meisten Terrassen verbaut werden. Oft haben diese Bretter eine fein gefräste Oberseite und eine gröber gefräste Unterseite. Diese Struktur wird deshalb eingearbeitet, damit du auf einer Terrasse einen besseren Grip hast. Wenn du dir die Baumarktware ein wenig genauer ansiehst, wirst du schnell feststellen, dass hier alle 30 – 40 Zentimeter eine Verbindung ersichtlich wird. Und das ist einer der ersichtlichen Qualitätsunterschiede, auf die du bei entsprechender Beratung in einem Fachhandel wahrscheinlich hingewiesen wirst. Diese Fertigung ermöglicht es nämlich Abfallstücke aneinander zu stückeln. Tatsächlich habe ich genau solche Dielen verbaut. Nach 2 Jahren mussten wir die komplette Terrasse erneuern, da der gesamte Boden eingebrochen ist. Da dies bei meiner mittlerweile 90 Jahre alten Großmutter der Fall war, ist das definitiv kein Spaß gewesen. Ein Sturz kann in diesem Alter sehr gefährlich werden. Nach dieser Baumarkterfahrung haben wir für die eigene Terrasse entsprechende Dielen aus dem Fachhandel verwendet, welche heute noch stabil mit dem Fundament verschraubt sind. Die Terrasse meiner Großmutter wurde natürlich ebenfalls erneuert :-)

Wenn ich dich nun überzeugen konnte den nächsten Fachhandel aufzusuchen, so gebe ich dir nun ein paar Tipps an die Hand, wie du ein möglichst gutes Verhältnis zu deinem Fachhandel schaffen kannst. Ja, du hast richtig gehört. Denn man sollte sich hier natürlich nichts vor machen. Fachhändler, die bereits länger agieren und ihren Kundenstamm aufgebaut haben, sind nicht auf Privatleute angewiesen, die sich das unterste Brett eines ganzen Holzstapels aussuchen. Also gebe ich dir nun folgende Tipps an die Hand:

Kontaktiere einfach den ersten Holzgroßhändler, der in deiner Nähe ist. Schau dir deren Webseite an und ruf einfach an. Informier dich zunächst, ob diese an Privatkunden verkaufen. Ist dies nicht gegebene, so musst du leider den nächsten Holzhändler aufsuchen. Hast du jedoch Glück und dein Ausgewählter Händler fokussiert sich nicht nur auf Firmenkunden, so solltest du zunächst fragen, ob es okay ist, auch kleinere Mengen abzunehmen, da du dieses Material für deine zukünftigen Werkstattprojekte benötigst. Ist der Holzgroßhändler korrekt, so wird er dir hier nicht absagen.

Informiere dich, wie teuer das Material ist und in welchen Größen es verfügbar ist. Hier wirst du dann Plattenmaße wie Länge x Breite und die Dicke erhalten.

Anschließend solltest du unbedingt fragen, wann es für den Holzhändler zeitlich am besten passt, sodass du deine erste Holzplatte abholen kannst. Ich finde, dass man hier besonders viel Verständnis aufbringen sollte. Normalerweise kaufen Schreinereien ganze Baumstämme und mehrere Plattenmaterialien, die dann mit dem Lkw geliefert werden. Du bringst in erster Linie mit einer solch kleinen Ab nahmemenge viel Aufwand für wenig Gewinn. Denn der Mitarbeitet muss natürlich auch bezahlt werden. Mein Holzhändler ist froh, wenn ich nachmittags komme, da diese den ganzen Morgen die LKWs beladen und Material zum Kunden fahren.

Auch ich habe am Anfang nur Multiplex gekauft, da die Preise nach Absprache einfach feststehen und im Vergleich zu Massivholz dieses nicht erst ausgemessen und berechnet werden muss. Aber auch hierzu gleich mehr.

Wenn ich zwei Multiplex Platten kaufen wollte, wusste ich im Vorhinein schon genau, wie teuer das wird. Und das war bei kleinem Budget ein riesen Vorteil.

Jedoch benötigte ich für weitere Massivholz-Projekte auch natürlich Massivholz. Und hier hatte ich tatsächlich extrem großen Respekt. Mein Gedanke sah immer wie folgt aus: Ich würde 2 Bohlen aussuchen und ich hatte überhaupt keine Ahnung wie teuer dieses Holz wird.

Da jeder Baumstamm natürlich unterschiedlich dick ist, muss die Holzmenge immer individuell ermittelt werden. Hier gibt es zwei Wege. Bei meinem ersten Holzeinkauf bin ich zu meinen Holzhändler gefahren und wusste, dass ich ungefähr 0,2 m^3 Holz benötige. Bei Massivholz ermittelt man immer die m^3 Anzahl an Holz, die benötigt wird. Wenn du zum Beispiel eine Tischplatte mit den Maßen 1,6 Meter x 1 Meter x 0,04 Meter aus 52 Millimeter starker Blockware herstellen möchtest (Es gibt standardisierte Dicken im Massivholz, wie zum Beispiel 27 Millimeter, 52 Millimeter, welche variieren können) so ermittelst du hier das Volumen, was in diesem Fall 0,064 m^3 entspricht. Bei der Bearbeitung fallen sehr viele Späne an, sodass du eine halbe Tischplatte als Volumen addieren kannst, damit du deine spätere Holzmenge bestimmen kannst. Also 0,064 m^3 + 0,032 m^3 = 0,096 m^3. Nachdem du deine Menge ermittelt hast, kannst du nach Absprache zu deinem Händler fahren und sagen, dass du so viel Massivholz benötigst. Bei einem guten Händler wirst du mit ins Lager gerufen und ihr sucht aus den oberen Bohlen die Bohlen aus, die dir gefallen. Gerade bei dickeren Bohlen werden bei jedem Stück zusätzlich der Splint, tiefe Äste und weitere Fehler vom Volumen abgezogen. Also musst du das auch nicht bezahlen. Nachdem der Mitarbeiter vielleicht die Bohle noch entsprechend mit einer Motorsäge abgehängt hat, notiert er sich das genaue Volumen und du kannst dieses dann bezahlen. Da dies immer noch Holz ist, wirst du meistens ein wenig mehr als geplant erhalten, da kleinste Mengen nicht von der ganzen Bohle abgetrennt werden. Diese können später auch nicht mehr verkauft werden. (Ich spreche hier von Abschnitten die kürzer als 2 Meter sind)

So hat bei mir der erste Massivholz-Einkauf ausgesehen. Bist du ein guter Kunde, der eventuell im Vorhinein bereits diverse Male Multiplex gekauft hat und einfach ein netter Kunde war, so wirst du im besten Falle wieder erkannt und der erste Massivholzeinkauf verläuft noch besser als geplant.

Die zweite Variante, welche ich mittlerweile nutze, setzt einen etwas höheren Verbrauch an Holz voraus. Du kannst nämlich genauso gut deine ermittelte Menge an Material an deinen Holzlieferanten per E-Mail senden und gibts hier deine Bedarfslänge als Zusatzinformation mit durch. Du möchtest zum Beispiel eine Bank bauen, die 180 Zentimeter lang ist, so wird deine Bedarfslänge ungefähr 200 Zentimeter sein. Denn deine Bohle muss ja mindestens so lang sein, damit du dein Projekt auch umsetzen kannst. Bei dieser Methode kommt bei einer besonders kleinen Abnahmemenge eine Frachtpauschale hinzu. Erfahrungsgemäß ist diese bei meinem Holzlieferanten viel geringer als bei meinem Metalllieferanten. Ich handhabe den Holzeinkauf mittlerweile so, dass ich immer ein bisschen mehr als notwendig bestelle. So habe ich für ausgewählte Projekte meistens genug Material und ich habe für kleinere Projekte ebenfalls Material in der Werkstatt. Außerdem benötigst du mit dieser Methode weniger Lagerplatz.

Vielleicht betrifft dich dieses Thema gerade noch nicht. Jedoch möchte ich dich hier bereits bestmöglich vorbereiten, sodass du dir gar keine Gedanken machen musst, wie du an Material kommen kannst. Du weißt nun, wie du vorgehen kannst, um notwendiges Material für deine Idee zu beschaffen. Ich weiß nur zu gut, dass man hier auf die verschiedensten Ideen, wie zum Beispiel ein eigenes Kettensägewerk, Bandsägewerk oder eBay Kleinanzeigen, als Materiallieferant kommt. In den meisten Fällen wird es aber dennoch einfacher sein und du wirst dir weniger Gedanken machen müssten, wenn du dir einfach ein günstigeres Holz fachgerecht getrocknet aus einem Fachhandel besorgst. Hier sparst du auch die Kunststofffolie, die bei Baumarkt-Massivholz oftmals verwendet wird.

eBay Kleinanzeigen

Hier habe ich in der Vergangenheit schon unzählige Male nicht nur Maschinen und Werkzeug gekauft, sondern auch Material. Diese Plattform kann ich dir generell empfehlen, wenn du auf der Suche nach Außergewöhnlichem bist. Konkret habe ich in der Vergangenheit hier schon öfters Massivholz gekauft. Oftmals haben Privatleute vor mehreren Jahren einen Baum in einem Sägewerk auftrennen lassen und lagern dieses Material für unzählige Jahre in ihrem Keller oder der Garage. Irgendwann ist dieses Material im Weg und es wird schlussendlich in eBay Kleinanzeigen inseriert. Aber pass auch hier auf. Oftmals wird Material viel zu teuer angeboten und du wirst günstigere Preise im Holzgroßhandel bei besserer Qualität finden. Wenn du jedoch die Möglichkeit hast, mit einem Anhänger gleich eine größere Menge an Material zu kaufen, so hast du hier manchmal die Möglichkeit Material zu einem günstigen Preis einzukaufen.

So habe ich vor mehreren Jahren zum Beispiel diese ganze Ladung an Buchenholz gekauft. Damals habe ich ungefähr 20 Euro pro Bohle bezahlt, da ich alles gekauft habe, was angeboten wurde.

So habe ich ein paar Jahre später außerdem Holz bei einem anderen Anbieter gekauft, der ein eigenes Sägewerk und einen Wald besitzt. Das sind wirklich tolle Alternativen. Ich möchte mich hier nicht nur auf Massivholz beziehen. Du wirst auf eBay Kleinanzeigen die verrücktesten Dinge finden. Schau dich einfach ein wenig um. Du kannst hier deine Suchanfrage gezielt eingrenzen, was zum Beispiel den Preis und die Entfernung angeht und erhältst anschließend eine

Benachrichtigung, wenn eine neue Anzeige inseriert wurde, die dich vielleicht interessieren könnte. Mittlerweile beziehe ich mein Holz größtenteils von meinem Holzlieferanten, da es bequemer ist. Außerdem ist es für mich als Firma natürlich wichtig, einen Beleg nach dem Kauf zu erhalten, damit ich dieses Material auch über meine Firma beziehen kann. Dennoch halte ich stets Ausschau nach passendem Material, da es hin und wieder extrem günstige Angebote gibt, bei denen ich nicht nein sagen kann.

Sperrmüll

Vielleicht fragst du dich jetzt, was du mit Sperrmüll anfangen sollst. Jedoch kann ich dir nur empfehlen bei einem Sperrmüllhaufen manchmal genauer hinzusehen. Oft werden alte Möbel weggeworfen, die nicht mehr benötigt werden. Hier sind zum Beispiel die Schrankrückwände ideal, um kleine Projekte selber zu bauen. Dieses Material ist außerdem ideal, wenn du günstig kleine Kisten für deinen Werkraum bauen möchtest. Je nach Größe des eigentlichen Schranks, der entsorgt wird, fällt diese Schrankrückwand außerdem sehr groß aus. Diese Rückwände bestehen außerdem oftmals aus Hartfaserplatten. Einfach zu bearbeiten, ideal für die Dekupier- und Bandsäge und nicht zu schwer zu transportieren. Je nachdem, was du aber bauen möchtest, findest du im Sperrmüll weitere kostenlose Schätze. Du benötigst vielleicht viele Regalböden und es kommt hier nicht auf die Optik an? Dann sind alte Spanplatten-Schrankwände auch hierfür gut geeignet. Eventuell möchtest du aber auch ein Upcycling Projekt umsetzen. Hier ist alter Sperrmüll oftmals tolles Ausgangsmaterial. Alte Stühle oder Hocker sind vielleicht eher altmodisch. Wenn du solche Sperrmüllgegenstände jedoch wieder schick machst und vielleicht einen weiteren Nutzen ergänzt, wie eine Schublade oder Ablage, dann können gerade diese alten Gegenstände extrem stylisch aussehen. Dazu noch ein wenig Farbe und du wirst genügend Arbeit für ein tolles Heimwerker Wochenende haben.

Tatsächlich bin ich an einem Abend zu Fuß zu meinen Eltern gegangen. Dabei ist mir ein neuer Sperrmüll Berg in unserer Straße aufgefallen. Natürlich konnte ich es nicht lassen und musste diesen genauer inspizieren. In diesem Berg an Gegenständen konnte ich eine Einhand-Motorsäge, eine tolle Ölkanne und weitere Kleinigkeiten bergen. Wir besaßen die gleiche Einhand-Motorsäge bereits und so habe ich einen kostenlosen Teileträger gefunden, der mir ab diesem Zeitpunkt Ersatzteile für den Fall der Fälle spendiert hat.

Diese tolle Ölkanne habe ich übrigens an diesem Abend in dem Sperrmüllhaufen gefunden. Auch heute nutze ich diese noch sehr gerne, um meine alten Maschinen ölen zu können. Natürlich ist sie mittlerweile nicht mehr so eingestaubt :-)

Du solltest dir im Klaren sein, dass Sperrmüll nicht zur freien Verfügung steht. Das bedeutet streng genommen, dass du hier Diebstahl begehst, wenn du einfach etwas mitnimmst. Jedoch lässt sich dieses Vergehen in den meisten Fällen einfach umgehen, indem du einfach kurz klingest und fragst, ob du die ein gewisses Teil entwenden darfst. Hier habe ich bis dato noch nie negative Erfahrungen gesammelt. Du solltest jedoch bei manchen Sperrmüll Teilen ein wenig genauer hinsehen. Oftmals ist die Qualität gerade bei Plattenmaterial von Schränken sehr minderwertig. In diesem Fall gilt je älter desto besser. Je älter ein altes Möbel ist, desto größer ist die Wahrscheinlichkeit, dass das Brett oder die Leiste noch aus Massivholz besteht. Ab einem gewissen Zeitpunkt der Möbelindustrie wurden vermehrt Bauteile aus Pressspan oder ähnlichem Material gefertigt. Ich habe eines Tages viele Schrankwände mit meinem Fahrradanhänger nach Hause gefahren. Ich war durch den Fund so voller Freude, dass ich nicht groß nachgedacht und einfach alles mitgenommen habe. Also habe ich eine riesige Ladung Sperrmüll in den Schuppen meiner Eltern geräumt. Diese waren natürlich gar nicht begeistert. Leider war das Material auch teilweise unbrauchbar, da die Spanplatten an manchen Stellen hohl waren, damit schlichtweg weniger Material verwendet werden musste. So ein Brett, das innen hohl ist, lässt sich natürlich sehr schwierig in ein Projekt verbauen. Aber es geht noch raffinierter.

Ich habe eines Tages eine alte Werkbank von meinem Nachbarn geschenkt bekommen. Diese habe ich nur genommen, da die Werkbank-Oberfläche aus einer 40 Millimeter starken Multiplex Platte bestand. Eben habe ich dir schon geschildert, warum ich Multiplex so toll finde. Und desto größer war der Frust als ich beim ersten Schnitt feststellen musste, dass das eine Fake Multiplex Platte gewesen ist. Das bedeutet, dass die obere und untere Schicht aus einer hauchdünnen Multiplex Platte bestand. Außerdem bestand der äußere Kranz ebenfalls aus einer circa 3 Zentimeter breiten Multiplex Platte. Im inneren befand sich eine dicke, bröselige Spanplatte. Mit meinen 15 Jahren war das ganz schön frustrierend, weswegen ich danach eher selten größer Mengen an Sperrmüll mit nach Hause genommen habe. Aber es gibt auch positive Beispiele. Ein anderer Nachbar hat ein paar metallische Gegenstände an die Straße für den Schrotthändler gestellt. Hier stand unter anderem ein Doppelschleifer mit Bandschleifer-Aufsatz. Da mein Vater zu diesem Zeitpunkt einen Doppelschleifer benötigt hat, habe ich kurzerhand meinen Nachbarn gefragt, ob ich den besagten Doppelschleifer vor dem Schrotthändler retten dürfe, um ihn anschließend meinem Vater schenken zu können.

Paletten als Basismaterial

Paletten als Projektmaterial können wirklich toll aussehen und besonders günstig in der Anschaffung sein. Leider gibt es hier nicht nur Vorteile, sondern auch Nachteile, worüber ich gleich sprechen werde.

Ich habe in der Vergangenheit schon öfters mit Paletten gearbeitet. Zunächst muss man bei Paletten zwischen verschiedenen Sorten

unterscheiden. Es gibt nämlich grob gesagt Euro Paletten, die mehrfach verwendet werden können, und Einwegpaletten, die, wie es der Name schon verspricht, lediglich einmal verwendet werden können. Wenn du Projekte aus Europaletten bauen möchtest, wirst du eher schwierig an kostenlose Ware gelangen, da diese Paletten so lange wiederverwendet werden, bis sie nicht mehr wiederverwendbar sind. Bei Einwegpaletten ist es dem Versender jedoch im Vorhinein schon klar, dass diese Palette anschließend nicht mehr verwendet wird. Wenn eine Firm nun viele Waren per Einwegpalette erhält, erhalten diese somit sehr viele Paletten die anschließend entsorgt werden müssen. Aus diesem Grund wirst du auf eBay Kleinanzeigen auch einige Anzeigen finden, in denen Paletten kostenlos angeboten werden. Generell ist das eine großartige Sache. Denn Einwegpaletten müssen nicht direkt aus minderwertigem Holz bestehen. So habe ich zum Beispiel vor vielen Jahren geholfen einen Ofen abzuladen. Hier wurde ebenfalls eine Einwegpalette verwendet. Bei genauerer Betrachtung ist mir aufgefallen, dass die dicken Querteile der Palette aus massivem Buchenholz gefertigt worden waren. Für mich als 15-jährigen ein absoluter Schatz. Natürlich habe ich gefragt, ob ich das Holz der Palette mitnehmen dürfe.

Ein paar Monate später bin ich auf den großen Palettenhaufen bei meinem Vater auf der Arbeit aufmerksam geworden. Dieser muss regelmäßig für Geld entsorgt werden, also war jeder froh, wenn ich dieses Holz nutzen würde. Denn so würden sie schließlich auch Geld bei der Entsorgung sparen.

Zu dieser Zeit wurde ich parallel gefragt, ob ich einen Couchtisch bauen könne. Weil ich stets auf der Suche nach neuen Projekten war, habe ich hier nicht nein gesagt. Ich habe meinen Auftraggeber auch nach Details gefragt und schnell wurde klar, dass das Projekt nicht hochglanzpoliert sein muss. Eine rustikale Optik wurde hier ausschließlich gewünscht. Für mich als 15-jährigen ideal, da ich sowieso noch nicht die notwendigen Fertigkeiten und Maschinen besaß, um Hochglanz Projekte zu bauen. Ich schlug vor, für dieses Projekt Palettenholz zu nutzen. Nachdem ich das Go bekam, habe ich direkt mit den Bauarbeiten und den Dreharbeiten begonnen. Denn schon damals habe ich natürlich immer fleißig für meinen YouTube-Kanal mitgefilmt.

Als ich dieses Projekt abgeschlossen hatte, ging meine Palettenholz-Sucht aber erst so richtig los. Ich habe den kostenlosen Rohstoff und nur seine Vorteile für mich entdeckt. Also habe ich meinen Vater gefragt, ob wir den ganzen Haufen Paletten kleinschneiden könnten, um die Bretter aus ihm zu gewinnen. Gesagt getan. An einem Samstag haben wir circa 40 Paletten mit einer Motorsäge kleingeschnitten und die einzelnen Bretter herausgetrennt. Anschließend hatten wir in etwa 3 Paletten mit herausgetrennten Brettern aus Paletten. Um dies besser verstehen zu können, sollest du wissen, dass eine Palette nicht nur aus Brettern, sondern auch aus Klötzen besteht, damit man mit einem Palettenwagen oder Stapler darunter fahren kann. Die Stellen an den Klötzen lassen sich eher schlecht verwenden, da hier meistens jeweils 3 Nägel eingeschlagen werden, um die Bretter mit den Klötzen verbinden zu können. Aus diesem Grund haben wir die Zwischenstücke jeweils herausgetrennt, um die aufwändige Arbeit zu umgehen, die anfällt, wenn man alle Bretter mit dem Nageleisen löst. Leider bricht hier auch der Großteil der einzelnen Bretter, weswegen es wenig Sinn macht, viele Paletten mit dem Nageleisen komplett auseinander zu bauen.

Generell ist das positive an Palettenmaterial zunächst die Verfügbarkeit. Generell wirst du diesen Rohstoff fast immer in deiner Nähe finden. Außerdem kannst du aus den einzelnen Brettern oftmals schon tolle Projekte bauen. Du kannst diese Bretter gut zuschneiden, schleifen und anschließend behandeln. Hier gibt es schon viele Vorgänger, die aus kompletten Paletten Projekte gebaut haben.

Dennoch gibt es einen großen Nachteil, der sich bei Paletten ergibt. Und zwar ist dieser die einfache Tatsache, dass das Material bereits benutzt wurde. Das bedeutet, dass die Paletten auf dem Boden, im Anhänger oder im Dreck gestanden haben. Möchtest du diese anschließend mit der Handkreissäge oder Stichsäge zuschneiden so wirst du in den meisten Fällen dein Werkzeug sehr schnell stumpf machen. So habe ich eines Tages viel Palettenholz gehobelt und musste anschließend feststellen, dass die Hobelmesser meiner Hobelmaschine stumpf geworden sind. Das liegt an dem Dreck, den Steinen und dem Rost im und am Holz, der verbleibt, wenn du die Paletten auseinander baust oder schneidest. Das war einer der ausschlaggebenden Gründe, weswegen ich irgendwann aufgehört habe, Palettenholz zu verarbeiten. Das soll dich aber keinesfalls davon abhalten Paletten zu Möbeln umzufunktionieren. Darüber hinaus nutzen es manche Personen auch oft als Brennmaterial für ihren Ofen. So habe ich zum Beispiel eines Tages einen YouTube-Kollegen besucht, der auf Kleinanzeigen eine Ladung Paletten gekauft hat. In diesem Fall wurden ihm die Paletten angeboten und die Anlieferung wurde ebenfalls übernommen. Er hat nachgefragt, wie viele Paletten es denn seien. Als Antwort erhielt er die Information, dass es ein Anhänger und ein Transporter voll sei. Als er jedoch die Lieferung erhalten hat, hat er sich leicht erschrocken. Denn es war nicht nur ein Transporter und Anhänger mit Paletten, sondern ein langer, hoher Sprinter und ein übergroßer Anhänger mit Paletten, die geliefert worden sind. Anschließend war sein kompletter Garten mit Paletten gefüllt, sodass er diese klein geschnitten hat und im Ofen über mehr als 2 Jahre verfeuert hat. Wenn du das ebenfalls planst zu tun, solltest du dich unbedingt informieren, welche Arten von Paletten es gibt. Hier meine ich nicht die verschiedenen Einweg- oder Europaletten, sondern die verschiedenen Behandlungstypen der Paletten, die eingesetzt werden, um Paletten haltbar zu machen. Manche Sorten sollten nämlich nicht im Ofen verfeuert werden.

Welche Maschinen du haben solltest

Bevor wir uns an die eigentlichen Projekte wagen, möchte ich dir noch Maschinen vorschlagen, die du für deine ersten Heimwerker Projekte brauchen wirst oder nützlich finden könntest. Generell finde ich, dass man wirklich nicht viel Werkzeug benötigt, um etwas umsetzen zu können. Du siehst in meiner Werkstatt zwar viele große, alte Maschinen, jedoch sehe ich das in einem anderen Zusammenhang. Mich fasziniert es nicht nur ein Projekt fertigzustellen. Ich bin ein riesiger Fan von alten Maschinen. So habe ich in der Vergangenheit bereits Maschinen gekauft, die ich eigentlich nicht gebraucht habe. Dennoch habe ich sie gekauft, weil mich einfach die Technik dahinter interessiert.

Bestes Beispiel ist in meinem Fall meine Bandsägeblattschärfmaschine. Diese ist ungefähr 100 Jahre alt und bis dato habe ich sie noch nicht wirklich benutzt, da viele Bänder nicht gut auf dieser Maschine geschärft werden können. Warum ist das so? Generell besitze ich derzeit nur eine kleine Bandsäge, auf die ich gleich noch genauer eingehen werde. Auf dieser Bandsäge kann ich nur sehr schmale und dünne Bänder verwenden. Deswegen kann es an der alten Schermaschine schnell passieren, dass die doch sehr dünnen Zähne verbogen werden und die Schränkung somit nicht mehr korrekt ist. Die Schränkung verursacht bei dem Schnitt den sogenannten Freischnitt. Hierdurch wird der Schnitt breiter als das Stammmaterial des eigentlichen Sägebandes. Passiert dies nicht, kann das Sägeband verklemmen oder erst gar nicht effektiv schneiden. Speziell bei dieser kleinen Säge macht es auch keinen großen Sinn die Bänder zu schärfen, da neue Bänder in dieser Größe zum Glück sehr günstig sind. Dennoch werde ich diese Maschine nicht wieder hergeben, denn allein ihr zuzusehen, bereitet mir große Freude und inspiriert mich immer wieder. Ich finde es sehr beeindruckend, was die Erbauer vor 100 Jahren ohne moderne Technik bereits alles auf die Beine gestellt haben.

Ich werde dir aber nun eine kleine Liste an Maschinen geben, die dir die Arbeit wahrscheinlich um einiges erleichtern werden. Hier fasse ich verschiedene Arbeitsbereiche in Maschinenkategorien zusammen. **Diese lauten Zuschnitt, Verbindung und Oberfläche.**

Der Zuschnitt

Zum Zuschnitt von Materialien eignen sich besonders Tischkreissägen, Handkreissägen, Tauchkreissägen, Bandsägen und Stichsägen.

Mit einer Tischkreissäge, Handkreissäge oder Tauchkreissäge kannst du gerade Schnitte in Massivholz und Plattenmaterial machen. Hierbei solltest du möglichst darauf achten, stets ein scharfes Sägeblatt zu verwenden. Gerade bei der Tischkreissäge solltest du außerdem darauf achten, den richtigen Sägeblatttyp zu nutzen. Grob runter gebrochen solltest du für Querschnitte, also Schnitte quer zur Faser, ein Blatt mit mehr Zähnen nutzen. Dieses solltest du auch bei Plattenmaterial nutzen. Bei Längsschnitten solltest du ein Blatt mit weniger

Zähnen nutzen. Tust du dies nicht, werden deine Schnitte im Plattenmaterial und Querholz sehr rau und du musst später mehr schleifen. Nutzt du ein neues Blatt mit vielen Zähnen im Längsholz, so wirst du zu Beginn gute Schnittergebnisse erzielen. Leider wird dein feines Blatt bei vielen Längsschnitten aber auch sehr schnell stumpf. Und das kann gefährlich werden. Gerade wenn du nur ein feines Blatt zur Auswahl hast und dieses somit nicht wechseln kannst, nutzt man diese viel zu lange, bevor man es schärfen lässt oder ein neues kauft. Das hat zur Folge, dass du dein Material viel zu stark durch deine Tischkreissäge drücken musst, um den Schnitt machen zu können. Das ist unter Umständen sehr gefährlich, da man Holz niemals mit Kraft durch eine Maschine führen sollte. Wenn du hier unsicher bist, empfehle ich dir, einen Online-Fachhändler telefonisch zu kontaktieren. Dieser hat auch mir bereits in der Vergangenheit viele Informationen zu diesem Thema gegeben. Auch gibt es mittlerweile auf YouTube sehr viele Erklärvideos zu diesem Thema.

Wenn du dich zu Beginn gegen eine Tischkreissäge entscheidest, da du deine Projekte im Garten umsetzen möchtest und somit möglichst mobil sein möchtest, kann ich dir eine Tauchsäge empfehlen. Tauchsägen waren vor circa 10 Jahren noch nicht so stark vertreten wie heute. So habe ich in meinen ersten Jahren als Heimwerker größtenteils eine normale Handkreissäge benutzt. Da Tauchsägen mittlerweile aber sehr erschwinglich geworden sind, würde ich dir eine Tauchsäge anstatt einer Handkreissäge empfehlen. Eine Tauchkreissäge ist einfacher im Handeling und speziell die Schiene ermöglicht dir bei deinen Arbeiten vieles. Eine Tauchsäge befindet sich im ausgeschalteten Zustand in der oberen

Position. Möchtest du einen Schnitt machen, musst du die Säge zunächst auf die eingestellte Tiefe senken und kannst dieses gesamte Aggregat über eine Führungsschiene bewegen. Diese kannst du vorher einfach auf zwei markierte Punkte legen und somit einfach, präzise und sicher deinen Schnitt machen. Der Vorteil hingegen einer Tischkreissäge liegt darin, dass du hiermit kleine und vor allem sehr große Materialien schneiden kannst. Ich selbst nutze in meiner Werkstatt auch eine sehr günstige Tauchsäge und schneide hiermit die großen Multiplex-Platten immer auf ein handlicheres Maß, bevor ich diese Stücke an der Tischkreissäge weiter bearbeite. Bei der Hankreissäge musst du die Schnitttiefe im Vorhinein einstellen. Tauchschienen gibt es für diese Maschine auch, jedoch sind diese nicht so breit vertreten. Ich schneide mit der normalen Handkreissägen mittlerweile immer mein Massivholz auf die grobe Länge zu, um danach besser weiter arbeiten zu können. Die Handkreissäge kannst du übrigens auch ohne Führungsschiene nutzen und nach einem vorher angezeichneten Strich sägen. Das funktioniert mit der Tauchsäge nicht. Bei Kreissägen drehen sich Sägeblätter sehr schnell. Hier besteht die Gefahr eines Kickbacks. Hier kann entweder das Material in deine Richtung geschleudert werden oder die geführte Maschine kann in deine Richtung zurückspringen. Wenn du dich an solche Maschinen noch nicht heran traust, ist das natürlich kein Problem. Denn dann kann ich dir Stichsägen besonders empfehlen. Dies war eine der ersten Maschinen, mit der ich

begonnen habe. Meistens wird die Stichsäge mit der Hand über das Material geführt. Dabei folgst du einem geraden oder kurvigen Strich und kannst somit deine Teile ganz einfach ausschneiden. Der Vorteil gegenüber einer Bandsäge ist außerdem, dass du innenliegende Rundungen sägen kannst. Mit einer Bandsäge funktioniert das nicht, da das Sägeband einer Bandsäge endlos ist und du somit nicht erst in einem Zentrum zu sägen beginnen kannst. Ich habe die Stichsäge eher negativ in Erinnerung, wobei auch das mittlerweile nicht mehr zeitgemäß ist. Früher hatte ich nie die richtigen Sägeblätter für die Stichsäge, weswegen ich nach dem Schnitt oftmals sehr viel schleifen musste. Außerdem begann die Säge aufgrund des falschen Sägeblattes oft zu springen. Das ist nicht so gefährlich wie ein Kickback an einer Kreissäge, dennoch kann man sich hier beim ersten Mal sehr stark erschrecken.

Mittlerweile sind die Sägeblätter aber so stark weiterentwickelt, dass diese Probleme fast nicht mehr auftreten, ich habe in meiner Werkstatt erst vor ein paar Monaten ein solches Spezialblatt verwendet, das wirklich überhaupt keine Ausrisse und Sägebarken hinterlassen hat. Nach diesem ersten Schritt war ich wirklich sprachlos. Informiere dich am besten ebenfalls bei einem Online-Händler, welche verschiedenen Sägeblatt-Sorten es gibt. Falls du dir eine günstige Handkreissäge, Tischkreissäge oder Stichsäge gekauft hast, solltest du immer auch gleich ein neues Sägeblatt kaufen. Denn meistens sind die mitgelieferten Sägeblätter gerade bei günstigeren Maschinen sehr minderwertig und die günstige Maschine erscheint nur deswegen billig. Aber günstig muss nicht gleich billig sein. Das habe ich bei meiner Tauchkreissäge gemerkt, die nun schon seit über zwei Jahren sehr viel starkes Massivholz schneiden musste. Mit einer Stichsäge wirst du aber nie so gerade Schnitte wie mit einer Hand- oder Tischkreissäge erzielen. Als nächste Maschine, um Teile zuschneiden zu können, kann ich dir eine Bandsäge wirklich ans Herzen legen. Hier gibt es viele verschiedene Bauarten. Hier siehst du eine 3-Rollenbandsäge, die noch von meinem Großvater stammt. Es gibt diese Maschine in verschieden großen und schweren Ausführungen. Diese Variante ist relativ klein und leicht. Dafür kannst du aber ziemlich viel mit dieser tollen Maschine tun. Du kannst schnell viel Material schneiden und dabei gerade und kurvige Schnitte ausführen. Die Größe der Bandsäge sollte an die Größe deiner Projekte angepasst werden. Möchtest du vermehrt Plattenmaterial oder schmale Massivholz Stücke schneiden, so reicht eine kleine Bandsäge vollkommen aus. Lediglich diese Bandsäge nutze auch ich zu diesem Zeitpunkt in meiner Werkstatt. Hier kannst du Schnitte ausführen die du gar nicht erst an der Tischkreissäge machen kannst. Dazu ist die Gefahr sich zu verletzten viel kleiner als an einer Hand- oder Tischkreissäge. Das Endlosband läuft über die Sägebandrollen und auf der Vorderseite des Bandes befinden sich Sägezähne. Das ist der einzige gefährliche Teil an der Maschine. Solange du hier nicht rein greifst, ist die Gefahr relativ klein. Das Teil kann nicht zurückgeschleudert werden, da die Schnittkraft auf den

haben, dass diese Eigenschaft überhaupt erst wichtig wird. Viel wichtiger ist es in meinen Augen ein einheitliches Schraubensystem zu besitzen und dieses auch sinnvoll einzusetzen. Hierbei meine ich einen einheitlichen Antrieb und eine gleiche Dicke der Schrauben. Ich persönlich kann dir eine Senkkopf-Schraubendicke von 4 mm empfehlen. Das bietet sich an, da viele Senkbohrer einen 3 mm Bohrer verwenden. Wenn du nun also ein einheitliches Schraubensystem verwendest und zwei Akkuschrauber besitzt, kannst du schnell und effizient deine Teile vorbohren und anschließend direkt verschrauben.

Je nachdem wie du deine Teile verbinden möchtest, benötigst du jedoch nicht einmal Schrauben oder Nägel. Wenn du etwas miteinander verleimst, benötigst du lediglich irgendetwas, mit dem du Druck auf die Teile ausüben kannst. Bestreichst du vorher die Teile mit Leim, werden diese nach Aushärtung extrem stabil sein. Tatsächlich ist es sogar so, dass Bretter, welche miteinander korrekt verleimt wurden, an der Leimstelle stabiler sind als das Holz selbst. Wenn du einen Abschnitt hast, kannst du dies auch sehr einfach ausprobieren. Zerschlage diesen Abschnitt einfach auf dem Boden und überprüfe, wo die Bruchstelle ist. Wenn die Bruchstelle neben der Leimfuge ist, hast du alles richtig gemacht. Bricht dein Abschnitt an der Leimstelle auf, ist dies ein Indiz für folgende Punkte: Deine Leimstelle wurde vielleicht nicht richtig vorbereitet. Das bedeutet, dass sie zu rau oder ölig war. Wenn deine Teile nicht plan gewesen sind, kann dies auch ein Grund sein, warum dein Teil nicht gehalten hat. Holzleim darf nicht im Frost stehen. Ist das bei dir der Fall gewesen, so kannst du durch diesen Test ebenfalls überprüfen, ob dein Holzleim noch „gut" ist. Wenn es in deinem Werkraum zu kalt ist, so kann das auch ein Problem darstellen. Bei einer Temperatur von 15-18 Grad solltest du das Werkstück erfahrungsgemäß über Nacht trocknen lassen. Wenn ich gerade im Winter viele Teile verleime, so stelle ich diese immer vor meinen Holzofen. Durch die starke Strahlungshitze bindet der Leim umso schneller ab. Das macht auch Sinn. Denn wenn Furnier auf eine Holzplatte geleimt wird, wird die Furnierpresse meistens erhitzt, damit die Teile schneller aus der Presse genommen werden können.

Es gibt aber eine weitere Besonderheit beim Verleimen. Du kannst Stirnholz nicht stabil mit einem Längsholzteil verbinden. Was meine ich damit? Sieh dir dafür am besten dein Schneidebrett an. Hier verläuft die Maserung wahrscheinlich, solange es kein Kunststoff Schneidebrett ist, von links nach rechts. Das ist eine Längsholzverbindung. Blickst du nun auf die rechte oder linke Seite, siehst du das Stirnholz. Diese Seite eines Brettes kannst du ohne Verbinder nicht miteinander verleimen, da keine stabile Verbindung erzeugt werden kann.

Hier kommen wir auch schon direkt zum nächsten meiner Lieblingsverbinder-Methoden. Natürlich kann man eine Stirnholzverbindung im Längsholz nicht vermeiden. Hierfür habe ich zu Beginn reine Holzverbindungen hergestellt. Das ist ein sehr ausführliches Thema, welches dieses Buch leider sprengen würde. Für dich wird wahrscheinlich

am Anfang die Zapfenverbindung oder Eckkülberblattung interessant sein. Diese kannst du am besten an der Tischkreissäge oder von Hand herstellen. Ich persönlich mag handgestemmte Verbindungen nicht so sehr, weswegen ich diese meistens an der Tischkreissäge hergestellt habe.

Bei einer Eckküberblattung musst du lediglich die jeweilige Hälfte eines Brettes wegschneiden und erzeugst somit eine Längsholz Leimfläche, die extrem stabil mit deinem Querholz verleimt werden kann.

Da ich in meiner neuen Werkstatt mehr Platz habe und ich alte Maschinen liebe, habe ich mir jedoch eine Langlochbohrmaschine gekauft, um solche Verbindungen einfacher und schneller herstellen zu können. Mit ihr lassen sich Längslöcher herstellen. Wenn diese Längslöcher bei beiden Teilen an der gleichen Stelle sind, können diese einfach mit einem Holzpassstück verbunden werden. Hier wird dieses Holzstück dann einfach eingeleimt und anschließend ist die Verbindung extrem stabil. Diese Maschine wollte ich die letzten 10 Jahre schon haben. Weil ich jedoch nicht genügend Platz in meiner alten

Werkstatt hatte, konnte ich diesen Traum damals noch nicht in die Realität umsetzen. Ein paar Monate nach diesem Kauf habe ich mir noch eine andere Maschine gekauft, mit der sich stabile Verbindungen einfach umsetzen lassen können. Das ist in diesem Fall eine Flachdübelmaschine. Die Flächdübelfräse ist viel kleiner als die Langlochbohrmaschine, da diese eine tragbare Maschine ist. Zu Beginn war ich recht skeptisch gegenüber dieser Maschine, da ich erst schlechte Erfahrungen mit einem sehr günstigen Modell gesammelt habe. Als ich ein Projekt fast in den Sand gesetzt habe, habe ich mich dazu entschieden, ein teureres Modell zu kaufen. Und was soll ich sagen? Das war eine sehr gute Entscheidung. Als ich mein erstes Projekt mit dieser Maschine gebaut habe, hat sich die Langlochbohrmaschine fast schon erübrigt. Zwar gibt es immer noch Projekte, die mit einer Langlochbohrmaschine umgesetzt werden können, dennoch nutze ich die Flachdübelfräse mittlerweile viel häufiger. Was tut eine Flachdübelfräse und was kannst du damit tun?

eBay Kleinanzeigen für gebrauchte Maschinen. Im Prinzip fräst du mit einer Flachdübelfräse lediglich eine kleine Nut in dein Brett. Dies tust du bei zwei Brettern. Anschließend kannst du einen Flachdübel samt Holzleim in diese Öffnung geben und deine Bauteile miteinander verspannen. Die Fräsung ist normalerweise immer ein wenig größer als dein Flachdübel, weswegen deine Markierungen nicht so genau sein müssen, wie du vielleicht denken magst. Möchtest du zum Beispiel ein Brett mit einem anderen verleimen, so kannst du diese beiden Teile einfach nebeneinander legen und deine Fräsungen schnell markieren. Ist die Markierung ein paar Millimeter weiter links oder rechts, so spielt das bei dem späteren Ergebnis keine große Rolle, da diese Verbindungsart eine gewisse Toleranz aufweist. Das ist mittlerweile meine Lieblingsmethode, um Projekte miteinander verbinden zu können.

Nachdem du dich zunächst entschieden hast, welches Material für dich geeignet ist, wie du alles zuschneiden möchtest und wie du diese zugeschnittenen Teile anschließend miteinander verbinden kannst,

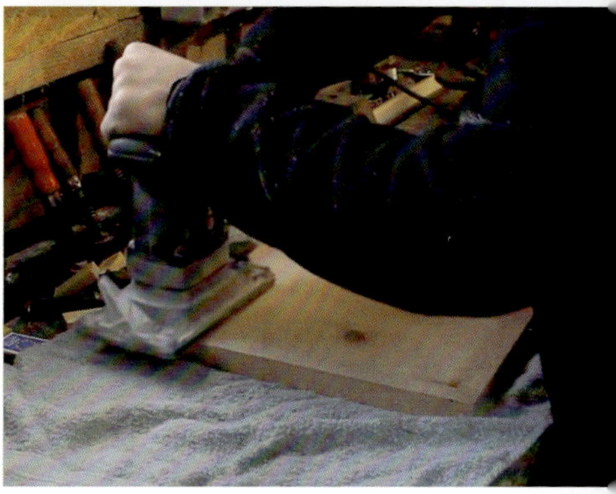

musst du dir Gedanken um den letzten Arbeitsschritt machen. Denn dieser beinhaltet die Oberfläche. Vielleicht denkst du zu Beginn nur an einen Lack oder ein Öl. Jedoch gehört auch zu diesem Arbeitsschritt mehr als nur ein Oberflächenschutz. Denn um die Oberfläche ideal für die nächsten Jahre schützen zu können, musst du diese Oberfläche natürlich entsprechend vorbereiten. Und so kommen wir zum Werkzeug Nummer 1, welches du wahrscheinlich am meisten gebrauchen wirst. Das ist in diesem Fall ein Exzenterschleifer. Ein wirklich geniales Werkzeug, welches nicht nur von Heimwerkern mit am meisten genutzt wird; was die Oberfläche angeht. Auch Schreiner nutzen dieses Werkzeug sehr häufig für die verschiedensten Projekte. Die Maschine ist handgeführt und treibt eine runde Scheibe an, auf die rundes Schleifpapier gespannt werden kann. Jedoch dreht sich der Teller nicht nur. Würde diese Schleifmaschine das tun, so hättest du Schleifmarken in deinem Material. Wenn du nämlich quer zur Faser dein Material schleifst, so reist du die Holzfasern aus und deine Oberfläche wird sehr unsauber. Genau aus diesem Grund heißt diese Maschine auch Exzenter-Schleifer. Denn der Teller dreht sich exzentrisch. Das bedeutet, dass der Schleifteller sich bei jeder Umdrehung leicht exzentrisch zur Mitte bewegt. Durch diesen Aufbau kannst du mit dieser Maschine grobes, wie auch feines Schleifpapier sehr effizient nutzen und erhältst am Schluss eine sauber geschliffene

Oberfläche. Zugegebener Maßen ist diese Maschine nicht die günstigste. Vielleicht hast du aber auch schon eine elektrische Schleifmaschine bei dir zu Hause. In diesem Fall meine ich einen Schwingschleifer, umgangssprachlich auch „Schwabbel" genannt. Denn genau das tut diese Maschine auch. Ähnlich aufgebaut befindet sich auf der Unterseite jedoch meistens kein runder Schleifteller, der sich dreht, sondern ein eckiger Schleifteller, der Vibriert. Der Nachteil gegenüber vom Exzenterschleifer ist jedoch, dass du bei normalen Schleifarbeiten meist länger schleifen musst, um ans Ziel zu gelangen. Jedoch ist das natürlich überhaupt kein Problem. Genau mit einer solchen Maschine habe ich die meisten meiner ersten Projekte geschliffen. Dieses extrem feine schleifen kann aber auch von Vorteil sein. Denn gerade bei furnierten Plattenmaterialien, bei denen das Furnier extrem dünn ist, wird diese Maschine auch in Schreinereien eher verwendet als ein Exzenterschleifer. Denn ist man mit einem Exzenterschleifer zu forsch, so schleift man schnell durch das gesamte Furnier und man sieht das Spanplatten Stammmaterial. Deswegen ist ein Schwingschleifer hier auch, zum Beispiel je nach Furnierdicke, eher geeignet. Ein weiterer Nachteil fällt gerade bei billigen Schleifgeräten auf. Das ist in diesem Fall die Entkopplung zwischen Schleifteller und Maschinengriff. Findest du in deinem Keller einen Schwingschleifer der bei der Arbeit im gesamten vibriert, so wirst du diesen nicht lange bequem nutzen können, da deine Finger sehr schnell taub werden. Denn gerade billige Exzenterschleifer vibrieren enorm und die Arbeit mit ihnen ist ein

absoluter Graus. Deswegen solltest du günstige, gebrauchte Maschinen unbedingt vorher einmal ausprobieren und prüfen, ob die gesamte Maschine vibriert oder ausreichend entkoppelt ist. Auf dieser Maschine werden eckige Schleifblätter aufgeklettet oder eingespannt. Das Schleifpapier wird gerade bei alten Maschinen häufig einfach festgespannt, sodass du eigentlich jedes Schleifpapier nutzen kannst, welches du noch vorrätig hast.

Ein Werkzeug, welches oftmals bei vielen Heimwerkern vorzufinden ist, ist der Bandschleifer. Dieser wird meistens handgeführt über das Holz bewegt, um sehr effektiv das Holz zu schleifen. Jedoch gibt es heutzutage auch viele tolle Vorrichtungen und Spannsysteme, sodass du deinen Bandschleifer auch stationär einsetzen kannst. Mit diesem kannst du, wie bereits beschrieben, sehr effektiv Holz schleifen. Nutzt du hier ein grobes Schleifkorn und legst dich so richtig in's Zeug, so wirst du schnell feststellen, dass du einige Millimeter von deinem Material bereits abgetragen hast. Ich nutze diese Maschine sehr gerne, wenn ich ein Möbel gebaut habe und ein überstehendes Brett vorfinde. So kann ich einfach und effektiv das herausragende Material bündig schleifen. Jedoch verleitet dich diese Maschine auch regelrecht, zu energisch dein Material zu schleifen. Du solltest gerade am Anfang vermeiden das Holz quer zur Faser zu schleifen. Dann erzeugst du ebenfalls tiefe Furchen im Material, die du später auf jeden Fall sehen wirst. Nutzt du den Bandschleifer mit Bedacht im Längsholz und verwendest hier bei der jeweiligen Körnung nur mäßigen Druck beim Schleifen, so wirst du erstaunt sein, welch gute Oberfläche du nach diesen Arbeitsschritten erzielen wirst.

Ergänzend zu diesem Werkzeug möchte ich dir außerdem eines der einfachsten Schleifwerkzeuge vorstellen. Und zwar ist dies deine Hand. Ja genau. Mit etwas Schleifpapier in deinen Händen, kannst du schon die besten Schleifergebnisse erzielen. Natürlich dauert das in manchen Fällen länger als mit anderen Maschinen, dennoch kannst du das bei deinen Projekten anwenden. Hier möchte ich dir einen meiner Lieblings-Schleif-Helferlein vorstellen, welchen ich vor Jahren gebaut habe und auch heute noch fast bei

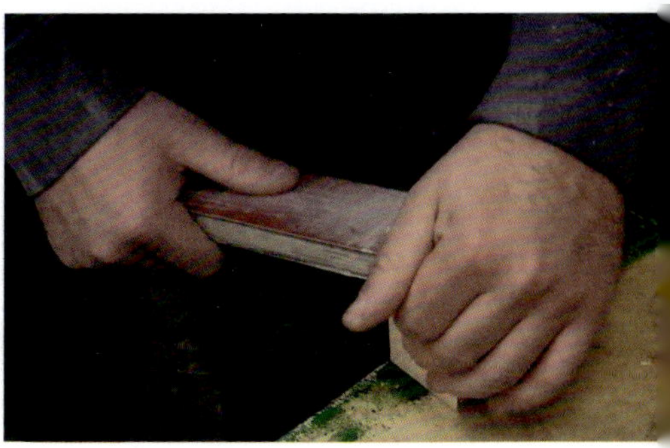

jedem Projekt nutze. Das ist ein einfaches Stück Multiplex, auf das ich selbstklebendes Hakenband geklebt habe. Somit kann ich normales Klett Schleifpapier einfach aufkletten und bei Bedarf austauschen. Das tolle an dem Hakenband ist außerdem, dass damit ein leichtes Polster geschaffen wird, durch das sich die Schleifhilfe zum Teil auch an das zu schleifende Holz anpasst. Aber auch hier ist Heimwerken einfach richtig toll. Denn natürlich kannst du manche Werkzeuge auch an deine Bedürfnisse anpassen. Möchtest du Schleifpapier ohne Hakenband nutzen können, kannst du natürlich auch einen Klemm-Schleifklotz, wie auf der rechten Seite zu sehen ist, bauen. Das war auch eine Version des Schleifklotzes, den ich ebenfalls selber gebaut habe.

Ein kleiner Exkurs was Schleifen angeht

Mit den soeben aufgezählten Schleifmitteln kannst du die meisten Projekte bereits sehr effizient schleifen. Da mich Technik interessiert

und gerade vor mehreren Jahren mehr englisch sprachige Holzwerker im Internet ihre Projekte und Maschinen vorgestellt haben, bin ich bereits in sehr jungen Jahren mit einem Trommelschleifer in Berührung gekommen. Das ist eine Maschine die ähnlich wie eine Hobelmaschine arbeitet. Jedoch dreht sich bei einem Trommelschleifer keine Messerwelle, sondern eine hölzerne Welle, um die Schleifpapier gewickelt ist. Da ich früher sehr gerne Stirnholzschneidebretter gebaut habe und die mit normalen Schleifwerkzeug schwierig zu bearbeiten sind, habe ich mir also einen Trommelschleifer einfach selber gebaut. Das war eine der Maschinen, auf die ich besonders stolz war. Denn diese war nicht nur leichter zu bauen als gedacht, nein, ich habe sie auch für unzählige Projekte benutzt. Falls ich nun dein Interesse geweckt habe, solltest du dir unbedingt weitere Videos zu diesem Thema auf YouTube ansehen. Ich habe zu dieser Maschine außerdem mehrere Bauvideos hochgeladen. Wenn du vielleicht nur eine

sehr kleine Hobelmaschine besitzt, wäre diese Maschine auch für dich ideal, da sie relativ simpel aufgebaut ist und du sehr breite Materialien einfach schleifen kannst.

Vielleicht hast du mehr Platz, um dein Hobby auszuüben. Dann wäre ein Langbandschleifer auch für dich ein ideales und günstiges Schleifwerkzeug. Diese und andere Maschinen habe ich bereits in meiner alten Werkstatt mit verträumten Augen betrachtet. Das ist eine extrem große, stationäre Schleifmaschine, auf der ein sehr langes Schleifband läuft. Unter dem Schleifband befindet sich eine Auflage, auf die du das zu schleifende Material legen kannst. Nachdem du die Maschine gestartet hast, kannst du den Schleifschuh und den Tisch in einer gleichmäßigen Bewegung führen, um die gesamte Oberfläche zu schleifen. Diese Maschine ist gerade mit einem gröberen Schleifpapier ideal geeignet, wenn man zum Beispiel eine Tischplatte grob schleifen möchte oder Leimfugen bündig schleifen muss. Das tolle an diesen Maschinen ist außerdem, dass sie vergleichsweise günstig sind. Langbandschleifer sind deswegen so günstig, da sie zu einer bestimmten Zeit von Breitbandschleifmaschinen abgelöst wurden. Diese funktionieren ähnlich wie ein Trommelschleifer. Hier schleift jedoch nicht die Trommel das Holz. Hier läuft stattdessen ein langes breites Band über mehrere Rollen und schleift das Material. Dieses wird einfach auf das Transportband aufgelegt und anschließend automatisch unter den Schleifwalzen vorbei geschoben. Diese sind zugegebenermaßen um einiges teurer als Langbandschleifer, sind dagegen aber viel platzsparender, stauben die Werkstatt nicht so schnell zu und schleifen schneller beziehungsweise effektiver.

Aus diesem Grund kannst du bei Langbandschleifern öfters einen guten Deal machen und diese Maschine günstig ergattern. Ich empfehle dir aber eine Maschine zu kaufen, bei der viele Schleifbänder beiliegen. Ich habe in meinem Fall unfassbare 350 Euro für meinen Langbandschleifer bezahlt und die Schleifbänder waren bereits mehr Wert als die Maschine. Natürlich ist das ein grober Vergleich, dennoch hätte ich mehr Geld ausgeben müssen, um die beiliegenden Schleifbänder zu kaufen, als der Langbandschleifer gekostet hat. Wenn du also den nötigen Platz in deinem Werkraum besitzt und gerne mit Massivholz arbeitest, dann kann ich dir nur empfehlen, dich nach einer solchen Maschine umzusehen. Das ist in meinen Augen immer noch eine absolute Traummaschine, die ich noch regelmäßig nutze.

Nachdem du dein Projekt vollendet hast, solltest du dir Gedanken machen, wie du dieses auch schützen kannst. Hier hast du, wie bei vielen Projekten, einige Möglichkeiten. Wenn du vielleicht ein einfaches Regal für deinen Keller gebaut hast, musst du dieses nicht zwingend behandeln. Hast du jedoch einen schicken Beistelltisch gebaut, wird dieser in den meisten Fällen umso schöner aussehen, wenn du diesen auch mit einem Oberflächenfinish behandelst. Ich benutze bei meinen meisten Projekten mein eigenes Finish. Das „Konterholz - Holzfinish“. Dieses Öl-Bienenwachs-Gemisch lässt sich sehr einfach verarbeiten. Hier habe ich außerdem darauf geachtet, dass du bei deiner Bestellung alles dazu bekommst, was du benötigst, damit du direkt loslegen kannst. Das ist unter anderem ein Baumwolltuch, mit dem du das Finish einfach und unkompliziert auftragen kannst. Das Pflaster ist übrigens ein „Trostpflaster“, falls dein Projekt mal nicht so läuft, wie du es dir vorgestellt hast.

Diesen Oberflächenschutz nutze ich für nahezu alle Projekte, die im Innenraum stehen werden. Nun möchtest du vielleicht deinen Fußboden überarbeiten oder einen Carport bauen und diesen behandeln.

Hier würde ich dir ganz klar empfehlen, in einem Baumarkt nachzufragen, welche Produkte hierfür normalerweise verwendet werden. Hier wird dir in den meisten Fällen eine große Auswahl an Produkten gestellt, sodass du nach dem beratenden Gespräch eine klare Wahl treffen kannst. Eine weitere Möglichkeit wäre das Flammen. Hier musst du die oberste Holzschicht einfach mit einem Brenner bearbeiten. Du musst diese oberste Holzschicht also regelrecht verbrennen. Diese Optik gefällt vielen Heimwerkern sehr gut und lässt sich einfach auch bei großen Projekten anwenden. Der Vorteil hier ist außerdem, dass du mit deiner Gasflasche sehr viele Projekte „behandeln" kannst und nicht so oft Holzschutz nachkaufen musst. Wenn du die geflammte Oberfläche dennoch weiter behandeln möchtest, kannst du diese ölen oder lackieren.

Wenn du kleinere Projekte lediglich lackieren möchtest, so empfehle ich dir günstige Klarlack Sprühdosen. Diese nutze auch ich in meiner Werkstatt. Mittlerweile sind diese Sprühlacke so günstig, dass sich der Aufwand bei kleineren Projekten nicht lohnt, eine richtige Sprühpistole zu verwenden.

Das habe ich in der Vergangenheit schon öfters versucht. Jedoch ist hier der anschließende Aufwand enorm; die Sprühpistole zu reinigen. Erschwerend kommt hier hinzu, dass man in den meisten Werkstätten, wie ich auch, keine richtige Lackierkabine besitzt in der man die Lackierpistole vernünftig reinigen könnte. Also endet diese Arbeit mit der Sprühpistole gerade bei den Reinigungsarbeiten in einer riesigen und stinkenden Sauerei.

Wo finde ich immer diese ganzen Maschinen?

Du fragst dich vielleicht, wo ich immer diese ganzen alten Maschinen finde. Hierauf kann ich dir ein paar Antworten und vielleicht auch den ein oder anderen Tipp geben. Das ist auch eine der Fragen, die ich regelmäßig gestellt bekomme.

Oftmals finde ich meine gebrauchten Maschinen auf eBay Kleinanzeigen. Hier habe ich bereits die ein oder andere Stunde verbracht und muss mich manchmal selber stoppen, da ich mich immer wieder daran erinnern muss, dass ich leider nur noch wenig Platz in meiner Werkstatt habe. Du suchst vielleicht nach einer Tischkreissäge. Dann wirst du wahrscheinlich zunächst nach dem Suchbegriff „Tischkreissäge" in Kleinanzeigen suchen. Bei manchen Suchbegriffen wirst du sehr viele Treffer finden und bei manchem sehr wenige. Du musst dir jedoch auch immer vor Augen führen, dass viele nach deinem Suchbegriff suchen werden. Deswegen solltest du auch alternative Suchbegriffe verwenden. Wenn du nach einer Tischkreissäge suchst, kannst du zum Beispiel: Tischsäge, Kreissäge, Handkreissäge, Holzmaschinen, Hobbymaschinen, Säge, Brennholzsäge, ... suchen. Manche Treffer passen so gar nicht mit deiner Suche überein? Dann musst du dir auch hier vor Augen führen, dass manche gar nicht wissen, was sie da verkaufen. So habe ich auf meiner Suche nach einer Hobelmaschine auch oftmals eine „Hobelbank" gesehen. Das ist eigentlich eine Werkbank, jedoch weiß das nicht jeder und aus diesem Grund werden manche Hobelmaschinen als „Hobelbank" fälschlicherweise inseriert. Du kannst natürlich außerdem deine Suche mit deinem Budget verkleinern. Ich habe bei gebrauchten Maschinen meistens ein Budget von 200-450 Euro angegeben. Du kannst außerdem die Benachrichtigungen aktivieren, wenn eine neue Anzeige bei Kleinanzeigen inseriert wurde. Suchst du also vielleicht nach einer Tischkreissäge mit einem Budget von 250 Euro und aktivierst die Benachrichtigungen, so wirst du immer als erstes informiert, wenn eine neue Anzeige inseriert wurde.

Ich empfehle dir aber definitiv, immer nach alternativen Suchbegriffen zu suchen. Gerade wenn du generell an Schreiner Werkzeug oder Material interessiert bist, so wirst du hier fündig werden.

Ich bin außerdem über tolle Angebote und Maschinen gestolpert, indem ich immer etwas gemacht habe. Klingt komisch? Lass es mich dir erklären. Sobald du passionierter Heimwerker bist und sich das in deinem Bekanntenkreis ein wenig herumspricht, wirst du öfters als du denkst mit Themen, die genau dich interessieren könnten, konfrontiert. So wurde ich erst in der vergangenen Woche von meinem DHL-Boten auf einen Baum aufmerksam gemacht, der in meiner Nachbarschaft gefällt wurde. Vielleicht arbeitetest du mit anderen Heimwerkern zusammen und teilst die gleiche Leidenschaft, so wird auch hier vielleicht eines Tages ein tolles Angebot für dich greifbar.

Außerdem solltest du immer nachfragen, wenn du vielleicht nur telefonisch kontaktiert wirst, welche Maschinen vielleicht noch zum Kauf stehen. So habe ich zum Beispiel von einem Zuschauer ein Bild von einer alten Tischfräse gesendet bekommen. Diese konnte ich kaufen. Auf dem Bild habe ich außerdem im Hintergrund gesehen, dass dort eine weitere, grüne Maschine gestanden hat. Das war tatsächlich eine der Maschinen, die ich schon lange im Auge hatte. Ich meine hier-

mit meine größte und schwerste Maschine: Meine Bäuerle Dickenhobelmaschine. Ich habe direkt am Telefon gefragt, ob diese tolle Maschine auch verkauft wird. Anschließend wurde mir mitgeteilt, dass darüber hinaus noch weitere Maschinen zum Kauf stehen. Ich habe nicht lange gefackelt und habe sofort einen Besichtigungstermin ausgemacht. Und das war eine der besten Entscheidungen, die ich machen konnte. Hier wurde nämlich eine kleine Schreinere komplett aufgelöst. Ich wusste, dass wir hier sowieso mit schwerem Gerät kommen müssen, um die schweren Maschinen zu bergen. Also konnte ich alle Maschinen zu einem recht günstigen Preis erwerben.

Diese Maschinen-räum-Aktion war definitiv keine leichte Aktion. Ich möchte dir hiermit nur zeigen, dass alles möglich ist, wenn du es nur möchtest.

Wir haben an diesem Tag ebenfalls zum ersten Mal einen LKW benutzt, um Maschinen zu befördern. Hast du diese Möglichkeit nicht, könntest du die Maschinen aber auch auf eine Palette stellen und eine Spedition beauftragen, diese im Nachhinein abzuholen. Das muss natürlich im Kaufpreis beachtet werden. Aber schau einfach, bei zum Beispiel Salodoo, mal nach Speditionen. Diese Plattform nutze ich selbst, wenn ich schwere Waren durch Deutschland sende. Du wirst verblüfft sein. So teuer, wie man vielleicht am Anfang denken mag, sind Speditionen nämlich nicht.

Wenn ich solche schweren Maschinen abhole, benötige ich jedes Mal die Hilfe meines Vaters. Gerade bei solchen Spezial-Aktionen bin ich immer wieder froh, wie ruhig mein Vater in diesen Situationen bleibt. Mein Vater plant Straßenabsicherungen und kennt sich aus diesem Grund extrem gut mit allem aus, was Straßen, Fahrzeuge, Eventualitäten und alles, was sonst noch dazu gehört, ist. Ohne meinen Vater hätte ich an diesem Tag nicht diese tollen Maschinen bergen können.

Auf deiner Suche nach neuen Maschinen solltest du dir aber auch immer vor Augen halten, dass manche Personen bei einer Werkstattauflösung leider einen Trauerfall zu beklagen haben. Vielleicht hat deren Vater das gleiche Hobby geteilt und seine Werkstatt mit den tollsten Maschinen und Werkzeugen ausgestattet. Ich musste leider schon öfters eine Werkstatt betreten, bei der der eigentliche Besitzer nicht mehr am Leben war. Aus diesem Grund bitte ich dich, gerade bei solchen Werkstattauflösungen oder Inseraten, etwas vorsichtiger zu sein. Ich bin bei solchen Maschinenbesichtigungen stets einen Schritt nach hinten gegangen und habe lieber zweimal gefragt, ob das okay wäre, wenn wir das nach dem Plan abbauen würden. Meistens war das nicht mal ein Nachteil. Haben die Verkäufer gemerkt, dass die Maschine in gute Hände kommt, so waren diese meistens erleichtert, dass diese nicht vom teilweise lieblosen Schrotthändler abgeholt werden.

Sei einfach so nett und vorausschauen, wie du es dir auch wünschen würdest, wenn du gerade die gesamte Werkstatt deines Vaters auflösen würdest. Meistens wirst du mit diesen Schritten eher „belohnt". Ich habe beispielsweise aufgrund dessen einen extrem großen Haufen an Edelhölzern quasi geschenkt bekommen, den ich bis heute noch in Ehren halte und nur für speziellere Drechselprojekte nutze. Das, was du gibst, wirst du meistens doppelt zurückbekommen.

Geheimtipp für günstige Maschinen

Eben habe ich schon die Suchwort-Auswahl bei der Suche nach Maschinen angesprochen. Erst vor kurzem habe ich dies selbst wieder angewandt, um eine tolle Maschine zu einem noch besseren Preis zu ergattern. Aber was ist davor geschehen?

Eigentlich wollte ich eine Formatkreissäge kaufen. Jedoch wurde ich hier von zwei Anbietern ein wenig veralbert. Der erste Anbieter wollte mir partout nicht seine Telefonnummer geben, um diesen zu kontaktieren. Nachdem wir ein Telefonat ausgemacht haben und ich sicherheitshalber eine Spedition vorbereitet habe, wurde mir kurz darauf mitgeteilt, dass die Maschine ja doch schon verkauft wäre. Da ich alles zum Transport bereits vorbereitet habe, habe ich mit ein wenig Hoffnung nach einer Alternative gesucht. Tatsächlich wurde an diesem Abend eine weitere Formatkreissäge inseriert. Nachdem ich den Verkäufer telefonisch kontaktiert, den Preis ausgemacht habe und voller Freude meinem Vater Bescheid gegeben habe, musste ich leider feststellen, dass ich hier „veräppelt" wurde. Denn komischerweise wurde der Preis nach unserem Telefonat um 1500 Euro angehoben. Eine Rückmeldung habe ich ebenfalls nicht mehr vom Verkäufer erhalten. Das Positive hieran war, dass ich somit am nächsten Tag doch nicht um 5 Uhr aufstehen musste, weil alles ins Wasser gefallen ist.

Leicht deprimiert habe ich ein paar Tage später weiter auf Kleinanzeigen gestöbert und habe den Suchbegriff „Schrott" eingegeben. Und prompt habe ich eine defekte Bandsäge ganz in meiner Nähe für 40 Euro gefunden.

Witzigerweise kannte der Verkäufer mich bereits von meinem YouTube-Kanal. Einen Tag darauf habe ich mir die Maschine angesehen und gekauft. Ich habe mich sehr gut mit dem Verkäufer verstanden. Wenn man diesen mitteilt, dass die Maschine nicht im Schrott landet, sondern wieder aufbereitet wird, sind die Verkäufer oftmals eine Portion glücklicher, dass die Maschine in gute Hände kommt.

Die Bandsäge habe ich bereits fertig restauriert und die ersten Schnitte mit ihr gemacht. Und was soll ich sagen? Glücklicher könnte ich wirklich nicht sein. Vor allem habe ich durch die Reparatur des Getriebes nun gelernt, wie ich Guss schweißen kann. Vor diesem Projekt war ich der festen Überzeugung, dass ich dies gar nicht tun könnte.

Die Bandsäge ist übrigens schätzungsweise 80 Jahre alt und verfügt über 6 Geschwindigkeiten, welche mittels Getriebe eingestellt werden. Das bedeutet, dass ich mit dem korrekten Band und der richtigen Geschwindigkeit nun auch eine Bandsäge für Metall besitze.

Weiter oben habe ich bereits gesagt, dass du immer entgegenkommend und höflich bei Maschinenbesichtigungen sein solltest. Das waren die beiden Anbieter der Formatkreissägen nicht. Vielleicht habe ich aus diesem Grund diese tolle Maschine gefunden, bei der ich im Nachhinein sehr viel lernen durfte und eine tolle Bandsäge im Nachhinein bekommen habe.

Fun-Fact: Mehrere Wochen später sitzt der Anbieter der Maschine, die im Nachhinein teuer wurde, immer noch auf der Maschine ^^

Deine ersten Projekte

Die French Cleat Wand

Du möchtest nun vielleicht deinen Keller oder Garage zu einem Heimwerker Paradies umwandeln. So ist das French Cleat System für viele ideal, um schnell und einfach Ordnung zu schaffen. Auch ich habe, als ich in meine neue Werkstatt gezogen bin, als erstes ein solches System an meiner Wand befestigt. Der Vorteil liegt speziell zu Beginn darin, dass du die Werkzeuge, die du am meisten benutzt, immer in Reichweite hast. Auch musst du so keine großen Korpusse bauen, in die du Schubladen oder ähnliches setzen musst, um dieses ganze Werkzeug aufzuräumen. Mit einer Handkreissäge und Bandsäge kannst du so bereits deine eigene French Clean Wand bauen. Das ist im Prinzip einfach eine Holzwand, auf der du 45 Grad Leisten aufschraubst. Mit dem passenden Gegenstück kannst du somit deine Halter einfach an die Wand hängen und bist extrem flexibel, was die Aufteilung der einzelnen Halter angeht. Du kannst sie ja schließlich überall da

hinhängen, wo du möchtest. Gerade bei neuem Werkzeug ist das extrem effizient. Ist etwas im Weg, so kannst du einfach alles zurechtrücken, bis alles passt.

Als Rückwand nutze ich 9 Millimeter Multiplex. Die 45 Grad Streifen schneide ich ebenfalls aus einer 9 Millimeter Multiplex Platte aus. Damit ich diese einfacher über meine Tischkreissäge schieben kann, schneide ich sie zunächst mit meiner Tauchsäge in handlichere Stücke. Anschließend säge ich dieses handlichere Stück in 45 Millimeter breite 45 Grad Leisten an meiner Tischkreissäge. Diese Streifen verschraube ich anschließend an der zuvor montierten Holzwand. Es empfiehlt sich, besonders auf die unterste Reihe zu achten. Diese sollte möglich waagerecht verschraubt

werden. Danach kannst du ein Distanzholz verwenden, um die darüber liegenden Streifen einfach und schnell zu verschrauben. Danach kannst du mit den einzelnen Haltern loslegen. Im Prinzip kannst du fast alles, was du an Werkzeug in deiner Werkstatt findest, in einen entsprechenden Halter packen, um das alles im Anschluss an deiner French Clean Wand zu befestigen. Hier musst du dir auch gar nicht so viele Gedanken bezüglich des Gewichts machen. Ich nutze dieses System auch, um schwere Schränke an der Wand zu befestigen. Hier gehe ich ähnlich vor. Zunächst wird eine 45 Grad Leiste an der Wand befestigt. Das entsprechende Gegenstück schraube ich an meinen Schrank. So kann ich auch allein ganz einfach größere Möbel an der Wand befestigen.

Kleinteile günstig aufbewahren

Wer kennt es nicht. Schrauben, Kleinteile, Bits und alles, was sich sonst noch ansammelt. Was haben all diese Gegenstände gemeinsam? Ganz einfach. Sie sind klein, man findet sie nur bedingt, wenn man kein System hat und Ordnung schaffen ist bei solchen Teilen oftmals schwieriger als gedacht. Aus diesem Grund zeige ich dir im Folgenden eine Technik, wie du einfach viele Kleinteilkisten herstellen kannst. Hier

musst du nicht viele kleine Teile individuell verleimen. Es gibt einen Trick, mit dem du regelrecht zum Massenproduzenten werden kannst. Ich nutze im Folgenden Massivholz, da ich hier noch diverse Abschnitte hatte. Du könntest hier natürlich auch einfaches Multiplex verwenden.

Zunächst habe ich das Buchenholz grob zugeschnitten. Das habe ich auch hier wieder zu Beginn mit der Tauchsäge gemacht. Anschließend habe ich weitere dünne Streifen aus dem großen

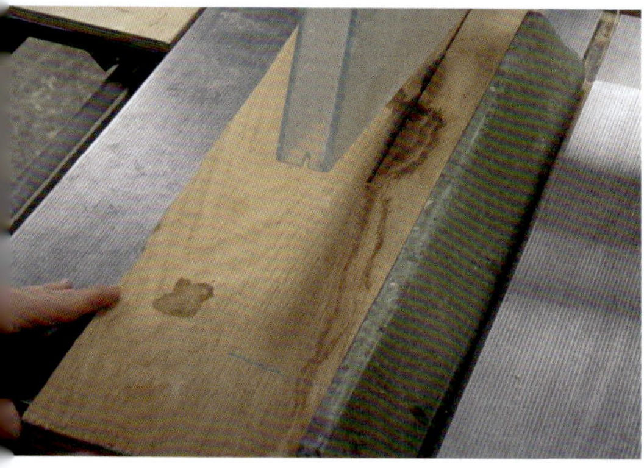

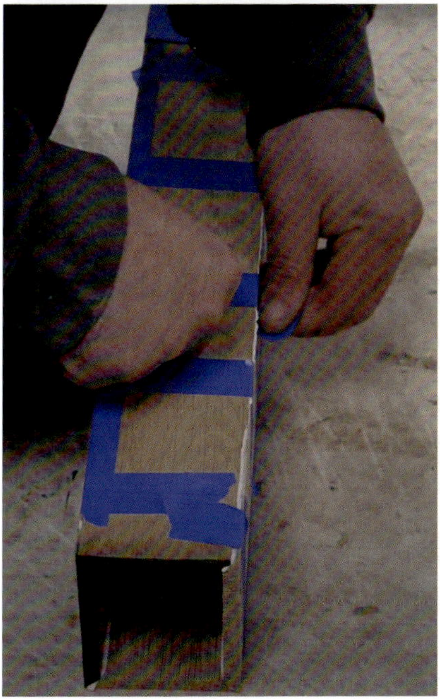

Brett geschnitten. Danach habe diese ganzen Streifen zunächst abgerichtet und anschließend an meiner großen, alten Dickenhobelmaschine auf ein paralleles Maß gehobelt. All das sind Aufgaben, die wegfallen, wenn du fertiges Plattenmaterial verwenden würdest.

Danach habe ich mit einer sogenannten Bevel Box meine Tischkreissäge auf exakte 45 Grad eingestellt. Dieses Werkzeug ermöglicht es dir deine Tischkreissäge exakt einzustellen, falls die Gradzahlen an der

Maschine nicht genau sind. Danach habe ich meine zuvor zurechtgehobelten Holzstreifen an beiden Seiten zurechtgeschnitten. Als nächstes folgt der wertvolle Tipp bei diesem Projekt. Die einzelnen Kästchen musst du nämlich nicht separat verleimen. Ich habe diese langen Streifen auf einmal verleimt. Das ermöglicht es mir nämlich, danach die fertig verleimten Kästchen auf der Tischkreissäge abzulängen. Papier Klebeband ist hier ein äußerst effektives Werkzeug, mit dem du solche Gehrungsverleimungen machen kannst. Du legst deine Teile einfach im ausgeklappten Zustand vor dich, bestreichst die Leimflächen mit etwas Leim und wickelst alles zusammen. Die letzte Gehrung kannst du danach ebenfalls mit Klebeband verkleben. Nachdem der Leim getrocknet ist, kannst du dein Holzrohr ablängen. Hierbei solltest du jedoch unbedingt darauf achten, dass sich niemand direkt vor der Tischkreissäge oder im direkten Gefahrenbereich aufhält. Bei Haarrissen, speziell im Massivholz, kann es nämlich passieren, dass sich Teile beim Schneiden lösen und von dem Sägeblatt durch die Werkstatt geschleudert werden.

Danach kannst du deine Kästchen von unten verschließen. Hier kannst du ebenfalls Holzreste verwenden, die auf den Boden geleimt werden. Kleine Überstände kannst du danach einfach bündig schleifen.

Der Tellerschleifer ist für solche Arbeiten hervorragend geeignet. Aber natürlich kannst du auch mit alternativen Schleifwerkzeug das Kästchen schleifen. Diese Prozedur kannst du natürlich so oft ausführen, bis du genügend Kästchen gebaut hast. Generell ist das ein tolles Restholz Projekt. Alte Schrankrückwände wären ebenfalls ein tolles Material, um diese Kisten zu bauen. Wenn du planst diese Kisten in einer Werkzeugkiste mit dir zu tragen, würde ich jedoch Massivholz oder Multiplex empfehlen. Werden solche Kisten aus MDF oder Schrankrückwänden gebaut und anschließend nass, weil du sie vielleicht auf dem Weg zur Baustelle in deiner Tragetasche hattest und es geregnet hat, so können diese schnell aufquellen.

Dein erstes Möbelstück

Pflanzen werten jede Wohnung auf. Speziell dann, wenn diese in einem selbst gebauten Pflanzenständer untergebracht werden. In diesem Fall handelt es sich um ein anspruchsvolleres Projekt, was die Herstellung angeht. Die Struktur und das Projekt selbst sind jedoch relativ simpel und wenn du dich an neue Verbindungsmethoden ran trauen möchtest, ideal für dich geeignet.

Wie bei vielen Projekten starte ich zunächst mit einer sägerauen Bohle. Diese besäume ich zunächst mit meiner Tauchkreissäge, damit ich sie anschließend weiter zurecht sägen kann, um die einzelnen Teile danach hobeln zu können. Generell sind diese Schritte bei Massivholzarbeiten gerade am Anfang oft gleich. Mit dem Abrichthobel werden die Teile zunächst plan und an einer Seite rechtwinklig gehobelt. Anschließend können diese Teile durch die Dickenhobelmaschine geführt werden, damit die einzelnen Teile parallel gehobelt werden können. Wenn du dich dazu entscheidest, ebenfalls mit Massivholz zu arbeiten und dein Budget begrenzt ist, wäre eine kleine Dickenhobelmaschine ideal für dich geeignet. Je nach Holzauswahl reicht es auch aus, diese Hölzer direkt durch die Dickenhobelmaschine zu führen. Hier wird das Ergebnis niemals so perfekt werden, als wenn du die Teile vorher abgerichtet hast. Dennoch ist das eine tolle Möglichkeit, mit Massivholzarbeiten zu beginnen.

Anschließend müssen die fertig gehobelten Teile auf die passende Länge geschnitten und verbunden werden. Wie in vorherigen Kapiteln bereits angesprochen, liebe ich alte Maschinen, weswegen ich auf der Suche nach einer Langlochbohrmaschine irgendwann mal fündig geworden bin. Mit dieser Maschine stelle ich bei diesem Projekt auch die Verbinder her. Da diese Maschine in relativ wenigen Werkstätten steht, würde ich dir hier normale Dübel empfehlen, um eine stabile Verbindung zu erstellen.

Bei der Langlochbohrmaschine bohrst du eigentlich ein einfaches Langloch an den ent-

sprechenden Stellen, damit du später die beiden Teile mit einem Holzstück verbinden kannst. Nachdem du dich für eine Verbindungsmethode entschieden hast, kannst du auch bereits mit dem Zusammenbau beginnen. Der eigentliche Blumenträger wird erst etwas später hergestellt. Das spricht für die Einfachheit dieses Projekts. Für das Grundgestell könntest du außerdem einfache Fichten Kanthölzer nutzen. Falls dir die helle Fichtenholz Optik nicht gefällt, könntest du hier ebenfalls eine dunkle Lasur nutzen, um die Oberfläche zu schützen und farblich ansprechender zu machen.

Der eigentliche Blumenträger wird aus 4 Brettern miteinander verleimt.

Zur Verstärkung habe ich an allen 4 Seiten jeweils 2 Holzdübel eingelassen, um die Verbindung stabiler zu machen. Wie bei fast allen Projekten habe ich auch in diesem Fall mein eigenes Finish verwendet, um das Möbel zu schützen und die Maserung so richtig anzufeuern.

Dieses Finish lässt sich sehr schnell und einfach anwenden. Nachdem ich alles mit der Bienenwachs Mischung behandelt und den Überschuss abgerieben habe, konnte ich den hölzernen Kasten auch schon mit dem Gestell verschrauben.

Anschließend fehlen natürlich nur noch ein paar schicke Pflanzen, welche das Projekt abrunden.

Altes Werkzeug wieder schick machen

Natürlich muss es nicht immer ein komplettes Möbel sein. Manchmal macht es auch einfach Spaß, altes Werkzeug wieder zu überholen. Hier kann ein wenig Farbe bereits einen großen Unterschied machen. Im Folgenden zeige ich dir, wie ich einen alten Schraubstock

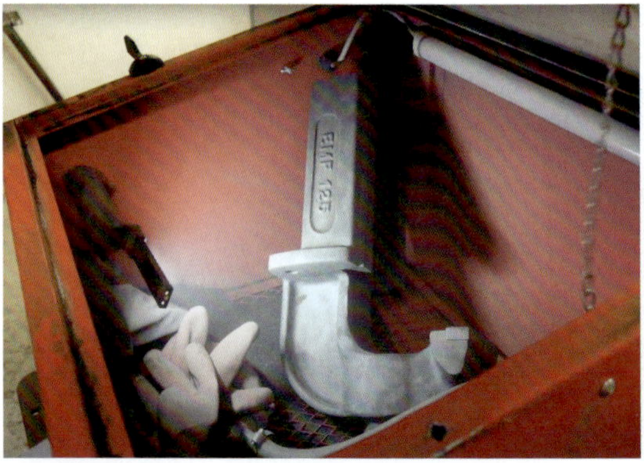

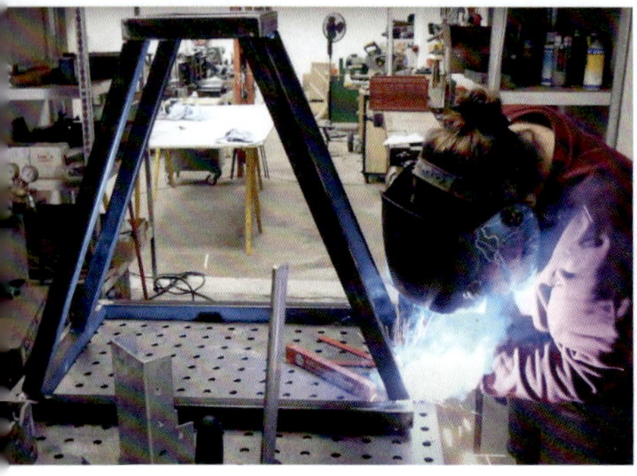

zerlegt und erneuert habe. Zusätzlich habe ich ein mobiles Gestell gebaut, da ich keine feste Werkbank besitze, auf der ich diesen schweren Schraubstock montieren könnte. Hier siehst du, wie der Schraubstock vorher ausgesehen hat. Dieses Werkzeug möchte ich heute nicht mehr missen, da es einfach eine 3. Hand bei vielen Aufgaben darstellt.

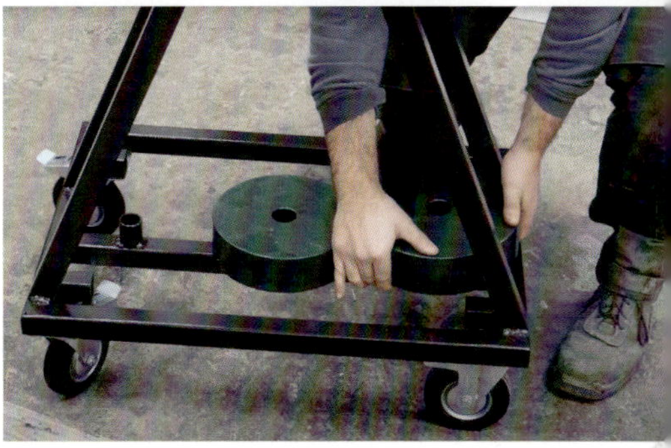

Wie bereits geschildert, habe ich keine gute Möglichkeit diesen Schraubstock an einer Werkbank zu montieren. Aus diesem Grund habe ich dieses simple Gestell gebaut, damit ich den Schraubstock zusätzlich durch meine Werkstatt bewegen kann. Den gesamten Schraubstock habe ich anschließend demontiert und ihn sandgestrahlt. Dies habe ich tatsächlich nur gemacht, da ich meine neue Sandstrahlkabine einfach ausprobieren wollte. Hier hätte es aber auch ausgereicht, wenn man einfach die oberste Schicht mit einer Drahtbürste bearbeitet.

Meine persönliche Lieblingsfarbe ist: Hammerschlag Lack – Grün. Hier muss man nicht besonders vorsichtig vorgehen. Wenn an einer Stelle etwas mehr Farbe aufgetragen wird, entstehen keine großen Läufer. Und falls doch, sind diese durch die farbinterne Struktur nicht so schnell ersichtlich.

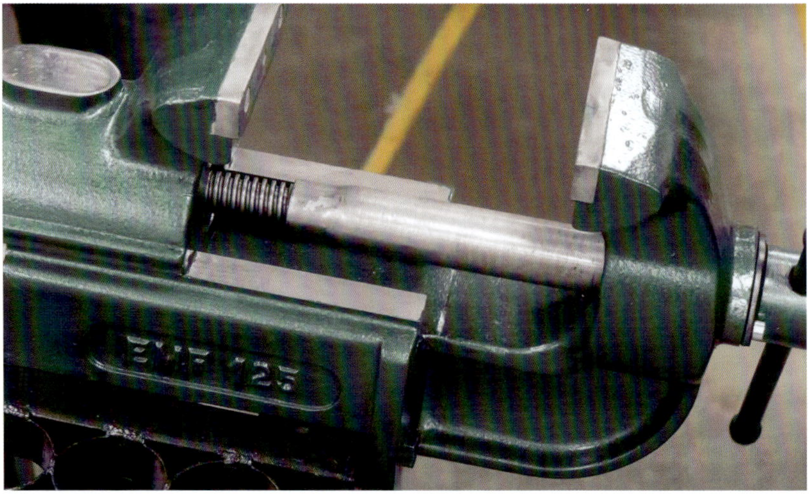

Ich hatte noch alte Hantelscheiben in meiner Werkstatt. Um das Gestell des Schraubstocks massiver zu machen, habe ich ungefähr 40 Kilogramm auf dem Gestellfuß montiert.

Danach ging es auch bereits mit dem Zusammenbau los. Du siehst auf diesem Bild mehrere Rundeisen. Welchen Zweck diese haben, siehst du auf dem nächsten Bild.

Gerade bei einem Schraubstock benötigt man öfters „schlagfertige“ Unterstützung. Aus diesem Grund habe ich diese Rohrstücke an das Gestell geschweißt. Diese ermöglichen es mir, viele Hammer einfach unterzubringen.

3 einfache Projekte zum Verschenken

Du weißt nicht, was du bauen sollst? Dann mach doch einfach deinen liebsten eine Freude. Hierfür habe ich diese 3 einfachen Projekte vorbereitet. Auch ich baue gerne Kleinigkeiten für Weihnachten und Geburtstage, um diese Gegenstände anschließend verschenken zu können. Das hat auch gleich 2 Vorteile. Du vergeudest keine Zeit bei der Suche nach irgendetwas, das du verschenken kannst. Auch wirst

du dich mit der Arbeit selber beschenken können, denn schließlich heimwerkst du ja, um abends eine schöne Zeit in deinem Werkraum verbringen zu können.

Für die Pfannenspatel nutze ich gerne besonders farbenfrohe Hölzer. Auch ich selbst nutze die hier gezeigten Spatel zum Kochen. Jedes Mal freue ich mich, wenn diese wieder zum Einsatz kommen. Den ersten Spatel habe ich Freihand auf einem Holz angezeichnet. Nachdem ich die finale Form ausgeschnitten und ausgeschliffen habe, nutze ich diesen, um die weiteren auf dem Holz zu markieren. Diese schneide ich danach einfach an meiner Bandsäge aus. Alternativ könntest du hier auch einfach eine handgeführte Stichsäge oder eine Dekupiersäge benutzen. Damit die Farbe des Holzes noch besser zur Geltung kommt, behandle ich diese mit meinem Finish.

Ordnung ist bekanntlich das halbe Leben. Aus diesem Grund finde ich auch das folgende Projekt ideal, um den Alltag besser zu strukturieren. Hier siehst du wie ich das Kirschenholz zunächst abrichte, um anschließend die Klemmbretter zu bauen.

In diesem Fall hat mir die Waldkante gut gefallen. Aus diesem Grund habe ich diese mit einer Bürstmaschine gebürstet. So kann ich die losen Holzstücke einfach entfernen und eine strukturierte Oberfläche hinterlassen.

Natürlich könntest du bei einzelnen Waldkanten diese Arbeit auch mit der Hand schleifen. Mit einer Messingbürste kannst du ebenfalls lose Holzstücke einfach entfernen. Eine solche Bürstmaschine muss gar nicht mal so teuer sein. Bei einzelnen Projekten würde ich dir diese Maschine auch nicht empfehlen. Planst du jedoch weitere Projekte, bei denen die Waldkante verschliffen werden soll, so wäre dies durchaus eine Option für dich.

Danach fehlt natürlich noch der entsprechende Bausatz. Diesen biete ich auf meiner Webseite konterholz.de in verschiedenen Größen an. Die antike Optik des Bausatzes sieht speziell bei farbenfrohen Hölzern sehr schön aus. Auch dieses Werkstück habe ich anschließend mit meinem Konterholz Holzfinish behandelt.

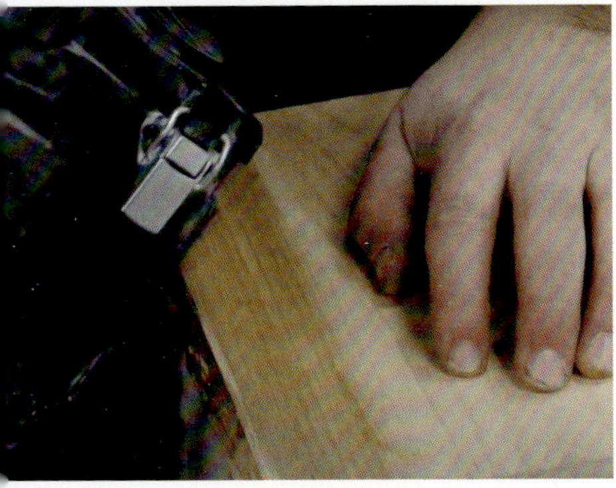

Servierbretter können praktisch und schick sein. Du kannst hierauf zum Beispiel eine Käseplatte anrichten oder deinen Esstisch mit entsprechender Dekoration schmücken. Das Kirschholz, welches ich hier verarbeite, habe ich außerdem vor vielen Jahren selbst aus dem Wald

geborgen. Diese Baumstämme habe ich anschließend mit der Motorsäge zu Brettern geschnitten. Nach dieser Arbeit musste ich das Holz zunächst mehrere Jahre lagern, bevor ich es hier schlussendlich weiterverarbeiten konnte.

Mit der Oberfräse habe ich anschließend die Kanten schräg gefräst. Hierfür habe ich einen 45 Grad Fräser verwendet. Es gibt sehr viele verschiedene Fräser, mit denen du die verschiedensten Kanten fräsen kannst. Am liebsten nutze ich jedoch einen einfachen Abrundfräser oder, wie hier gezeigt, einen Fasefräser.

Nachdem ich auch hier wieder beide Bettchen entsprechend geschliffen und anschließend mit meinem Finish behandelt habe, hatte ich viele Geschenk für den damaligen Weihnachtsabend.

Die Spardose, die es in sich hat :-)

Als Heimwerker kannst du deine Lieben auch einfach mal erschrecken. Das kannst du mir dieser tollen Spardose besonders gut tun. Hier ist nämlich ein besonderes Feature eingebaut, welches du gleich sehen wirst.

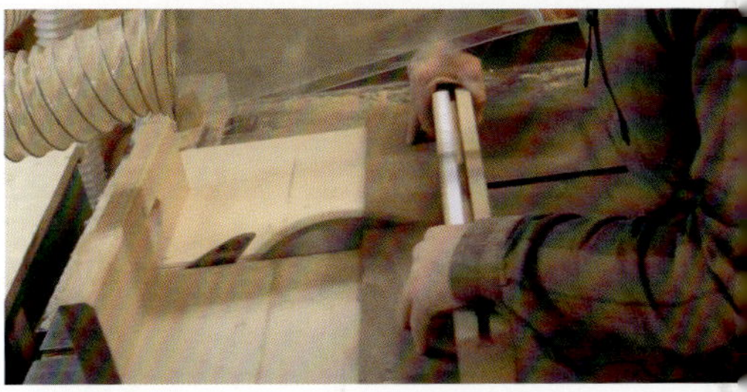

Zunächst habe ich zwei gleich große Walnuss Stücke an der Tischkreissäge auf das fertige Maß geschnitten. Anschließend habe ich dieses Holzstück auf meiner Werkbank festgespannt, um danach eine umlaufende Nut in das Teil zu fräsen. Hier solltest du unbedingt deinen Schaftfräser etwas genauer betrachten. Viele Schaftfräser können nämlich nicht senkrecht in das Material getaucht werden. Das kannst du an der Oberseite des Fräsers erkennen. Laufen die Schneiden quer über den Fräser, so kannst du diesen auch in das Material eintauchen. Ist dies nicht gegeben, so solltest du beim Eintauchen die Oberfräse auch seitlich bewegen. So kannst du den Fräser langsam, Stück für Stück in das Material bewegen. An der Tischkreissäge habe ich jeweils 2 gleich große Stücke auf Länge geschnitten. Hier habe ich das Sägeblatt auf

45 Grad geneigt und jeweils die Enden abgeschnitten. Außerdem habe ich mit jedem Stück eine direkte Passprobe gemacht, um zu überprüfen, ob die Länge korrekt ist.

In die Seitenwände habe ich jeweils eine Schraube gedreht, damit die Mäusefalle später beim Einwerfen der Münze das gesamte Konstrukt ruckartig nach oben drückt. Als nächstes benötigst du lediglich ein 2 Euro Stück, welches du im Idealfall einem Freund oder einer Freundin gibst und diese die Sparkassette auf ihre Funktion prüfen sollen. Eins ist sicher. Mit dieser Sparkassette wirst du niemals viel sparen können :-)

Elektronik als Heimwerker

Vielleicht stehst du bei einem deiner Projekte vor dem Problem, dass du etwas Elektrisches tun musst. Hier möchte ich dir ein paar Tricks mit auf den Weg geben, wie auch dies bei deinen nächsten Projekten klappen kann.

Generell sollte eines klar sein: Um ein elektrisches Problem selbst lösen zu können, solltest du hier auf jeden Fall wissen, was du tust, oder im Idealfall eine entsprechende Ausbildung absolviert haben. Strom ist lebensgefährlich. Nun möchte ich hier nicht den Moralapostel spielen. Ich habe in der Vergangenheit auch schon das ein oder andere Elektrik-Problem selbst gelöst. Jedoch habe ich hier strikte Regeln, die ich mir selbst aufgestellt habe. Bevor ich damit anfange, möchte ich dir aber zunächst sagen, was du tun solltest, falls etwas bei einer solchen Arbeit mal schief geht und du einen Stromschlag bekommen hast.

Ich habe einen alten Schleifbock gekauft. Hier war ein alter, französischer Elektromotor verbaut. Später habe ich hier eine Einschätzung eines alten Elektro-Meisters bekommen. Dieser meinte, dass der Motor ungefähr aus dem 1. Weltkrieg stammen würde. Ich habe lediglich die

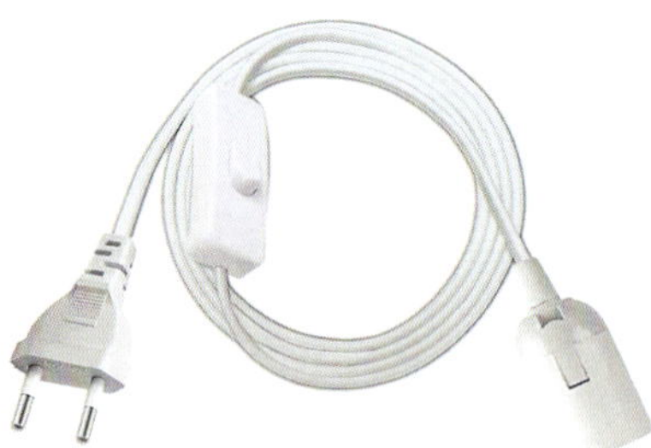

Abdeckung der Verteilung direkt am Motor aufgeschraubt und habe die einzelnen Anschlüsse auf ihren Sitz überprüft. Danach habe ich alles wieder zusammen montiert und den Motor probehalber auf der Werkbank eingeschaltet. Ich habe hier keine direkten Arbeiten am Motor vorgenommen, dennoch musste ich danach feststellen, dass der Motor einen Kurzschluss hatte und Strom auf dem Gehäuse auflag. Das habe ich festgestellt, als ich die Hand auf das Gehäuse gelegt habe. Das war tatsächlich mein erster und bis dahin letzter, ernsthafter Zwischenfall. Nachdem ich mich kurz informiert habe, was bei einem solchen Fall zu tun ist, habe ich mich regelrecht erschrocken. Es kann nach einem solchen Zwischenfall Tage später zu einem Herzinfarkt kommen, da das Herz durch den Stromschlag aus dem Takt geraten kann. Also bin ich nach diesem Zwischenfall kurz zu meinem Hausarzt gefahren und habe mich einmal durchchecken lassen. Speziell wenn dies zum ersten Mal bei dir passiert, solltest du unbedingt im Anschluss zu einem Arzt fahren, da man im Vorhinein nicht genau weiß, ob man selbst diesen Zwischenfall gut auf längere Zeit verkraften kann.

Wenn du jedoch zum Beispiel das Thema Beleuchtung in ein Projekt integrieren möchtest, gibt es tolle Lösungen, die man einfach zusammenstecken kann. Hierfür musst du kein Elektriker sein, da dies ein einfaches Stecksystem ist. Musst du dennoch das Kabel an einer Maschine neu anschließen oder entsprechend verlängern, so kann ich dir wirklich nur empfehlen, das nicht selbst zu tun, sofern du über neuen, tollen Produkten für meinen Onlineshop durchsuchen. Ohne diese drei würde es wirklich nicht mehr funktionieren.

Außerdem möchte ich mich bei meinen Zuschauern bedanken. Viele sind schon mehrere Jahre dabei und ich bin gemeinsam mit ihnen groß geworden. Auch wenn es oftmals extrem schwer ist und ich nicht schlafen kann, aus Sorge, dass das alles zusammenbrechen könnte, bin ich dankbar für alles, was mir auf diesem Weg passiert. Mit diesen Worten möchte ich dir stets 10 gesunde Finger bei deinen nächsten Heimwerker Arbeiten wünschen.

Du kannst das! Glaube stets daran.

Haftungsausschluss

Die in diesem Buch enthaltenen Informationen dienen zu Unterhaltungs- und Bildungszwecken. Finanzielle, rechtliche oder medizinische Ratschläge werden nicht erteilt. Autor und Verlag übernehmen keinerlei Haftung für eventuelle Schäden, egal welcher Art, die durch das Anwenden oder das Nichtanwenden der im Buch beschriebenen Techniken im Allgemeinen oder durch das falsche und missbräuchliche Anwenden derselben im Speziellen entstehen könnten.

Über den Autor

Philipp Konter wurde 1997 geboren und wuchs im Saarland auf. Nach dem Abitur schloss er die Ausbildung zum Industriemechaniker ab. Nach 3 Monaten im Beruf entschied er sich für die selbstständige Laufbahn und konzentriert sich seitdem auf sein eigenes Unternehmen: Konterholz. Seit 2012 hat sein YouTube-Kanal „Konterholz", ehemalig „thegermanwoodguy" Bestand, auf welchem er regelmäßig Videos veröffentlicht. Drechseln ist ein Kernthema, weswegen er auch einen eigenen Online-Shop „konterholz.de" betreibt, auf welchem er Werkzeuge, Zubehör und sein eigenes Oberflächenfinish vermarktet. Auch hält er Drechselkurse. Parallel zum Drechseln ist das generelle Handwerken essenziell. Nach dem Motto „geht nicht, gibts nicht" probiert Philipp alles aus: vom mobilen Blockbandsägewerk, über fertige Möbel bis hin zur selbst gebauten Brikettieranlage.

Liebe Leserin, lieber Leser,

hat Ihnen dieses Buch gefallen? Wir freuen uns über Ihre Verbesserungsvorschläge, Kritik und Fragen zum Buch.

Die Meinung und Zufriedenheit unserer Leserinnen und Leser ist uns sehr wichtig.

Kontaktieren Sie uns deshalb gerne und schreiben uns eine E-Mail an feedback@eulogiaverlag.de

Wir freuen uns auf Ihre Nachricht.

Herzlichst

Ihr Eulogia Verlags Team